KAWADE
夢文庫

JR貨物の魅力を探る本

梅原 淳

河出書房新社

「安全・正確」な輸送を実現する驚きの舞台ウラとは――はじめに

本書は貨物列車について、つまり鉄道による貨物運送事業について取り上げた書籍である。とはいえ、今日、国内で貨物輸送を行っている鉄道事業者の数は減り、大多数は日本貨物鉄道、通称JR貨物が担っていると言ってよい。

正式には日本国有鉄道と称していた国鉄が1987（昭和62）年4月1日に分割民営化された後も、どこか鉄道には官僚的な面が色濃く残されている。鉄道事業は許認可制であり、ほぼ地域ごとに独占して事業を行っているので、他業種との競争とは縁が薄く、ましてや21世紀の今日問われるようになったグローバル化とは最も距離を置いた業種にとらえられがちだ。

しかし、そのような側面は旅客を乗せる鉄道事業ではともかく、貨物輸送においては当てはまらない。自動車や船舶との厳しい競争のなか、鉄道による貨物輸送は何とか生き長らえているといった状態だ。

鉄道による貨物輸送の何が厳しいのか――。具体的には本書をお読みいただくとして、簡潔《かんけつ》に記しておこう。

基本的に旅客輸送の部門では、鉄道事業者は顧客を待っていればよい。サービス業ではあるはずだが、どちらかというと製造業といった趣《おもむき》で鉄道事業者はゆったりと構えていれば商売が成り立つ。

ところが、貨物輸送の部門でこのような行動を取っていれば鉄道事業者ごと消滅の危機にさらされる。貨物を獲得するために価格を下げざるを得ないし、定時での輸送が難しいとなれば顧客はすぐに他の交通機関へと移ってしまう。率直に言って旅客輸送と貨物輸送とは全く異なる交通機関であると言ってよい。

本書はその全く異なる交通機関である鉄道による貨物輸送について取り上げた。執筆に当たっては鉄道事業者各位をはじめ、関係する官公庁、企業には取材や調査でご尽力いただいた。この場を借りて感謝申し上げたい。最後に、本書が厳しい環境に置かれた鉄道による貨物輸送の理解の一助となれば幸いだ。

2021（令和3）年11月

梅原　淳

カバー写真◉フォトライブラリー

JR貨物の魅力を探る本／目次

1章 機関車を探究する

●驚異のパワーで貨車群を牽引！

2章 貨車とコンテナとを探究する

●個性的な顔ぶれが勢ぞろい！

3章 貨物列車を探究する

●多彩な輸送パターンで全国を駆ける！

4章 運転技術を探究する

●プロフェッショナルの技術が光る！

5章

列車ダイヤと車両の運用とを探究する

●「安全・正確」な運行の秘密!

6章 貨物駅・施設を探究する

●貨物輸送の要衝には驚きの設備が！

7章 運賃の仕組みを探究する

●謎のベールに包まれた実際に迫る！

8章 貨物列車の未来を探求する

●山積する課題にどう立ち向かうのか？

1章 機関車を探究する

●驚異のパワーで貨車群を牽引！

貨物輸送の主役「機関車」は、どんな車両か

今日、日本国内で見られる貨物列車のほぼすべては、機関車と呼ばれる車両が貨物を載せた貨車を牽引《けんいん》するという形態で運転されている。貨物列車の先頭に立つ機関車はたいていの場合は1両で、2両以上連結されて牽引を担当する例も多い。珍しい例を紹介すると、先頭はもちろん、最後尾にも機関車が連結される貨物列車も見られる。

と、ここまで「機関車」という用語を何の説明もなしに用いてきた。本書の読者の大多数は鉄道に関して一定の知識をおもちであろうから、改めて解説の必要はな

いであろう。

とはいえ、日本の鉄道車両のなかで機関車は数少ない存在となってしまったので、見たことがないという人がいたとしても不思議ではない。今日の日本で機関車がどれだけ少ないかを国土交通省の『平成30年度　鉄道統計年報』で見てみると、2019（平成31）年3月31日現在で全国に6万4379両の鉄道車両が在籍しているなか、機関車は936両と、わずか1・5パーセントを占めるにすぎないのだ。

改めて機関車の特徴を挙げると、まずは「モーターやエンジンといった動力を生じさせる装置」、それから「運転操作を行うための装置」をともに搭載《とうさい》している車両となる。これだけならば、普段通勤や通学に利用している電車やディーゼルカーも同じだ。動力を生じさせる装置として電車にはモーター、ディーゼルカーにはディーゼルエンジンがそれぞれ搭載され、最低でも先頭や最後尾に連結される車両には運転室が設置されているからである。

続いての特徴を挙げよう。「ほかの車両を牽引して走る車両である」という点だ。しかし、ここまで特徴を挙げてもまだ、電車にも当てはまる。何両も連結した電車のすべての車両にモーターが搭載されているのではない。たとえば、10両編成の通勤電車の場合、モーター付きの車両は6両という例が多く、残る4両は考え方にもよるが「牽引されている」こととなる。

機関車として挙げられる最後の特徴は、「輸送のための設備をもたない」という点だ。輸送のための設備とは、電車やディーゼルカーのような客室であり、貨車のような貨物室である。機関車とは車体がまるごと動力を生じさせる装置、または運転操作を行うための装置で埋めつくされていて、客室や貨物室を備えていないのだ。

いま全国で見られる鉄道の車両の主力は、先ほどの統計によれば6万4379両中4万9716両と、実に77パーセントを占める電車であり、次いで2684両と電車と比べればぐっと少なくなるものの、機関車よりもはるかに多いディーゼルカーである。

電車やディーゼルカーは何両も連結して運転した場合に、動力を生じさせる装置がすべての車両、または一部の車両に散らばっているという特徴をもっており、「動力分散方式」という。

いっぽう、機関車が貨車を牽引する列車では、動力を生じさせる装置は機関車にしか存在しない。このような方式を「動力集中方式」と呼ぶ。

動力分散方式では、動力を生じさせる装置を搭載した車両を多数用意しなければならないので、車両を製造する費用は動力集中方式よりもかさむ。国土交通省の『鉄道車両等生産動態統計調査』によると、2018年度における国内向けの車両1両当たりの製造費は、新幹線以外の電車が9257万円、ディーゼルカーが2億906万円であったという。仮に10両連結して運転した場合、車両の製造費は電車では9億2570万円、ディーゼルカーでは20億9060万円となる。

これに対し、機関車の製造費は1両当たり2億2122万円であり、貨車は同様に5033万円であった。従って、機関車1両に貨車10両を連結したケースを想定すると、車両の製造費は合わせて7億2452万円と電車やディーゼルカーと比べて大変安い。

しかし、動力集中方式にはさまざまな欠点がある。終点となる駅で折り返す際に機関車を連結する場所を変えるか、別の機関車を反対側に連結しなければならないのだ。また、何両も車両を連結した編成で見ると、出力の合計は動力分散方式と比べて少なくなる。スピードを出して走る分にはそう影響はないものの、駅を出発する際の加速力は動力分散方式よりも大幅に劣ってしまう。

機関車の出力を上げればもちろん加速力はアップするが、その分機器や装置は大きく、重くなる。これは結構深刻な問題で、日本の鉄道の線路は地盤の関係であまり質量のかさむ車両を負担できないため、電車やディーゼルカーよりも高い加速力を機関車が牽引する列車に与えることはできない。

日本の鉄道では、旅客を乗せて走る列車のようにスピードが重要な列車は動力分散方式がほぼすべての鉄道会社で採用された。貨物列車にもスピードは必要ではあるが、物流業界では自動車や船舶とコスト面での競争が激しく、スピードよりも経済性のほうが重要であるので、動力集中方式が用いられている。

蒸気、電気、内燃…動力別の特徴

機関車を動かすための動力を生み出す装置は大きく分けて3つ挙げられる。蒸気機関、電動機、内燃《ないねん》機関だ。

最初に取り上げる蒸気機関とは、水蒸気の圧力をピストンに伝え、ピストンによって往復運動を生じさせる熱機関を指す。蒸気機関を採用した機関車は「蒸気機関車」と呼ばれ、「Steam Locomotive」という英語を略して「ＳＬ」という名称でも親しまれている。

２０１９（平成31）年3月31日現在で９３６両が在籍している機関車のうち、蒸気機関車はわずか21両しか存在しない。しかも、21両のなかで貨物列車を牽引するものは皆無という状況だ。蒸気機関車は機関車のなかでは最も古い方式で、電動機や内燃機関を用いた機関車と比べると出力は低いし、回転力も小さく、しかも煤煙《ばいえん》をまき散らすために現代の世の中では実用的な車両とはいえない。現存する21両はすべてイベント用で、観光を目的とした旅客列車の牽引に従事している。

電動機とは電気エネルギーから機械的な動力を得られる回転機を指す。一般には「モーター」と呼ばれていて、本書でもモーターと記載しよう。電動機を採用した機関車は「電気機関車」といい、英語では「Electric Locomotive」、鉄道業界では略して「EL」ともいう。2019年3月31日現在で在籍する両数は537両だ。

モーターに電気を供給する方法を大別すると2つある。1つは車両の上空に架線《かせん》をはりめぐらせ、あるいはレールの脇にもう1本のレールである「サードレール」を敷いて電気を供給し、機関車は走行しながら電気を取り入れ、モーターを動かすというもの。もう1つは、搭載した蓄電池《ちくでんち》から得られた電力でモーターを動かすというものだ。537両の電気機関車のうち、すべてが架線から電力を取り入れる方式を採用しており、サードレールを用いる電気機関車、蓄電池を用いる電気機関車とも存在しない。

モーターは小型で軽量な割に、得られる出力は大きく、回転数も高いという特徴をもつ。機関車だけでなく電車用の動力発生装置としてもおなじみで、全国に電車が4万9716両も在籍（2019年3月31日現在）しているのも、モーターが備えた利点によるものだ。

内燃機関とは燃焼室内で燃料を爆発、そして燃焼させて動力を生み出す機関を指し、一般には「エンジン」という名称で知られている。今日、機関車用の内燃機関が用いている燃料はすべて軽油だ。従って、ディーゼルエンジンを搭載した車両は「ディーゼル機関車」と呼ばれ、「Diesel Locomotive」という英語から「DL」ともいう。両数は378両だ。

ディーゼル機関車は電気機関車と比べれば出力は低く、動力を発生させる装置自体も重いうえ、燃料を搭載することで車両は重くなるので機関車としての効率はやや劣る。しかし、架線を張ったり、サードレールを敷いたりしなくてよいという利点をもつ。おかげで1日に数本しか列車が走らないような貨物専用の路線では重宝される。また、後ほど説明するが、コンテナの荷役《にやく》の都合でどうしても架線を張れないような線路でも、もちろん走行可能だ。

いま見られる機関車たち❶——電気機関車

電気機関車は2019（平成31）年3月31日現在で537両が在籍しているとす

でに記した。うち、85パーセントに相当する455両はJR各社が、15パーセントに相当する残り82両は一般には「私鉄」と呼ばれる民営鉄道、略して「民鉄」がそれぞれ所有している。

これらの電気機関車のうち、貨物列車の牽引に従事しているのは、JRのうちJR貨物の410両と民鉄の64両、合わせて474両だ。民鉄は5社が貨物列車牽引用の電気機関車を所有していて、内訳は黒部《くろべ》峡谷《きょうこく》鉄道の24両、秩父《ちちぶ》鉄道の17両、名古屋鉄道の2両、大井川《おおいがわ》鐵道《てつどう》の9両、三岐《さんぎ》鉄道の12両である。

電気機関車の種類は3つだ。直流電気機関車、交流電気機関車、交直流電気機関車である。直流電気機関車とは外部から直流電力の供給を受けて走る電気機関車を指し、同様に交流電気機関車は外部から交流電力の供給を受けて走る電気機関車を指す。交直流電気機関車とは交流または直流で給電されている区間を相互にまたがって走行可能な電気機関車だ。

国土交通省によれば、474両の内訳は直流電気機関車が305両、交流電気機関車が30両、交直流電気機関車が139両だという。各電気機関車のなかで、どの形式が最も多いのかは気になるところだ。国土交通省は、車両の両数について形式ごとまでは公表していない。そこで、鉄道会社各社が発表したデータをもとに取り上げたい。ＪＲ貨物は２０２１（令和３）年１月15日現在、その他の民鉄各社は２０２１年３月31日現在である。

　直流電気機関車のなかで最も両数の多い形式は１２１両が在籍しているＪＲ貨物のＥＦ２１０形だ。ＥＦ２１０形は直流のうち、１５００ボルトで電化された区間での走行に対応しており、東海道線、山陽線の東京貨物ターミナル―幡生《はたぶ》操車《そうしゃ》場《じょう》（山口県下関市）間を中心に、首都圏や関西圏一帯で姿を見ることができる。

　ＥＦ２１０形は１９９６（平成８）年に登場した。一定の時間使用したときの出力を指す定格出力５６５キロワットのモーターを６基搭載し、合わせて３３９０キロワットの定格出力で最大１３８０

直流電気機関車中、最も両数の多いJR貨物のEF210形（撮影:結解 学）

異なる電圧の交流に対応しているJR貨物のEH800形交流電気機関車

JR貨物のEH500形交直流電気機関車は「金太郎」の愛称でおなじみ

撮影：2点とも結解 学

トンの貨物列車を牽引可能だ。

交流電気機関車のなかで最も両数の多い形式はJR貨物のEH800形である。20両すべてが青い森鉄道線、津軽線、海峡線、道南《どうなん》いさりび鉄道線の東青森―函館貨物間を中心とした青函《せいかん》トンネルを含む区間を行く。

EH800形は2013（平成25）年に登場した。2つの車体をつなぎ合わせて1両の機関車としているという特徴をもつ。EF210形と同じく1基当たり定格で565キロワットのモーターを搭載しており、2車体で構成されることからモーターの数は1両当たり8基と多い。

合わせての定格出力は4520キロワットだが、この出力は重い貨物列車を引き出したり、急な上り坂などで短時間用いることとし、普段の定格出力は4000キロワットに抑えている。北海道新幹線の列車も通る青函トンネルとその周辺区間では交流2万5000ボルト、50ヘルツで電化されており、その他の区間は交流2万ボルト、50ヘルツであるので、双方の電圧に対応して走ることができるのが特徴だ。

交直流電気機関車のなかで最も両数が多いのはJR貨物のEH500形で82両が在籍している。やはり2つの車体をつなぎ合わせた電気機関車で、EH800形とうり二つと言ってよい。搭載しているモーターの出力も数もEH800形と一緒で、短時間で4520キロワットを発揮し、定格出力4000キロワットという点も同じである。

EH800形と異なるのは、直流1500ボルトで電化された区間での走行が可能で、交流2万ボルトであれば50ヘルツ、60ヘルツと双方の電源周波数にも対応している点だ。ただし、交流2万5000ボルト、50ヘルツで電化された区間では走行できない。

EH500形は1998（平成10）年に登場した。活躍場所は2カ所だ。1つは常磐線、東北線、IGRいわて銀河鉄道線、青い森鉄道線の隅田川《すみだがわ》—青森信号場間を中心に東日本一帯で、もう1つは山陽線、鹿児島線の幡生操車場—福岡貨物ターミナル間を中心とした関門トンネルを含む区間でそれぞれ用いられている。

いま見られる機関車たち❷——ディーゼル機関車

ディーゼル機関車は378両（2019年3月31日現在）が在籍しているうち、JR各社は288両、民鉄各社は90両をそれぞれ保有している。これらのなかで貨物運送に従事しているものは258両で、内訳は25ページにある**表1**のとおり、JR貨物が191両、民鉄15社が67両だ。本書では国の最新の統計となる2019年3

月31日現在のデータをもとに説明しているが、その後の動きが大きいので、2021（令和3）年4月1日現在の状況も合わせて示しておこう。

電気式、液体式とディーゼル機関車は2種類に分けられる。電気式とは、ディーゼルエンジンを用いて発電し、その電力でモーターを動かす方式を指す。いっぽう液体式は、ディーゼルエンジンによって得られた出力を液体変速機に送り、機関車がその時点で必要とする出力や回転力を調整した後に車輪に伝達して走行する仕組みをもつ。

全国にある378両のディーゼル機関車中、電気式は86両、液体式は292両と、液体式ディーゼル機関車のほうが多い。貨物運送に従事するディーゼル機関車に絞っても、電気式の85両に対し、液体式は173両と多数派を占める。

液体式ディーゼル機関車は電気式ディーゼル機関車と比べて機関車を軽量にまとめられるという特徴をもつ。電気式の場合、ディーゼルエンジンや発電機を積み、電気機関車と同じくモーターの回転数やトルク（ねじりの強さ）を調整する制御装置、そしてモーターと機器が多く、構造上どうしても重いうえ、その割に出力が小さい。重い車両の走行に適していない線路が多い日本の鉄道では敬遠《けいえん》されていた。

しかし、近年ではディーゼルエンジンや制御装置の改良が進んで従来より軽くな

表1　貨物運送に従事するディーゼル機関車の両数

		2019年3月31日現在の両数(両)			2021年4月1日現在の両数(両)		
		電気式	液体式	計	電気式	液体式	計
1	太平洋石炭輸送	1	3	4	—	—	—
2	八戸臨海鉄道	0	4	4	0	3	3
3	岩手開発鉄道	0	4	4	0	4	4
4	仙台臨海鉄道	0	3	3	0	3	3
5	福島臨海鉄道	0	3	3	0	4	4
6	秋田臨海鉄道	0	4	4	—	—	—
7	黒部峡谷鉄道	0	2	2	0	2	2
8	鹿島臨海鉄道	0	3	3	0	3	3
9	京葉臨海鉄道	0	7	7	0	7	7
10	神奈川臨海鉄道	0	7	7	0	5	5
11	大井川鐵道	0	6	6	0	6	6
12	西濃鉄道	0	3	3	0	3	3
13	名古屋臨海鉄道	0	10	10	0	10	10
14	衣浦臨海鉄道	0	4	4	0	4	4
15	水島臨海鉄道	0	3	3	0	3	3
	民鉄計	1	66	67	0	57	57
	JR貨物	84	107	191	97	68	165
	合計	85	173	258	97	125	222

注:太平洋石炭輸送、秋田臨海鉄道は2021年4月1日の時点で鉄道事業を廃止している
2021年4月1日現在の項目中、JR貨物は2021年1月27日現在の両数で、2019年3月31日現在では計上されている車両として扱われていない機関車の両数を除く
出典:「鉄道統計年報[平成30年度]」(国土交通省)、『私鉄車両編成表2021』(ジェー・アール・アール編、交通新聞社、2021年7月)、『2021JR貨物時刻表』(鉄道貨物協会、2021年3月)

り、モーターの出力も向上したため、２０００年代以降に製造されるディーゼル機関車はほぼすべてが電気式ディーゼル機関車となっている。

　貨物運送に従事する電気式のディーゼル機関車で最も両数の多い形式はＪＲ貨物のＤＦ２００形だ。１９９２（平成４）年に登場したＤＦ２００形は48両が製造された。１１９２キロワット（１６２０仏馬力）の出力をもつディーゼルエンジンを２基搭載して交流を発電し、定格出力３２０キロワットのモーターを６基駆動《くどう》して走行する。

理論上の定格出力は1920キロワットであるが、ディーゼルエンジンの発電能力を考えて実際の定格出力は1800キロワットとなった。なお、1999（平成11）年の製造分からはモーターは同じものの、ディーゼルエンジンの出力が1基当たり1331キロワット（1810仏馬力）に向上した結果、定格出力も1900キロワットへと向上している。

DF200形の活躍場所は2カ所だ。1つは北海道で、函館線、室蘭線、千歳線の函館貨物—札幌貨物ターミナル間を中心に、石勝《せきしょう》線や根室線、宗谷線、石北《せきほく》線でも姿を見ることができる。もう1つは中京地区で、東海道線、関西線の稲沢《いなざわ》—塩《しお》浜《はま》間で使用中だ。

貨物運送に従事する液体式のディーゼル機関車で最も両数の多い形式はDE10形である。53両が在籍しており、JR貨物に49両、秋田臨海鉄道に3両、西濃《せいのう》鉄道に1両という内訳だ。なお、秋田臨海鉄道は2021年4月1日に鉄道事業を廃止し、3両のDE10形のうち、仙台臨海鉄道と西濃鉄道とに1両ずつ譲渡された。それから、衣浦《きぬうら》臨海鉄道の4両のKE65形はDE10形と同一の機関車を自社で導入した分の2両、元国鉄のDE10形を譲り受けた分の2両とがあり、事実上のDE10形と言ってよいだろう。

ＤＥ10形は出力９９３キロワット（１３５０仏馬力）のディーゼルエンジンを１基搭載し、液体変速機を介して５つの車軸に伝えられる。ディーゼルカーの液体変速機は自動車のオートマチックトランスミッションと似て、１つのトルクコンバータで変速していく。だが、ＤＥ10形の場合はそうではない。ディーゼルエンジンの出力が大きいので、３つのトルクコンバータを備え、速度に応じてどれか１つを使用する方式が採用された。

もともとＤＥ10形は国鉄によって１９６６（昭和41）年に登場したディーゼル機関車だ。合わせて７０７両が製造され、いま見られるＤＥ10形は老朽化が進むなか、最後の活躍を続けていると言ってよい。

ＪＲ貨物のＤＥ10形は仙台地区では東北線、石巻線、仙石《せんせき》線の仙台貨物ターミナル—石巻港間、岡山地区では山陽線、水島《みずしま》臨海鉄道水島本線、同港東線の岡山貨物ターミナル—東水島間などで貨物列車を牽引するほか、各地で貨車の入換《いれかえ》を行う。「入換」とは、駅であるとか操車場に停車中の貨車を所定の線路へと移動させ、貨物列車となる編成を構成したり、その反対に貨物列車となる編成をばらしたりすることを指す。

いっぽう、西濃鉄道のＤＥ10形は市橋《いちはし》線の美濃赤坂《みのあかさか》—乙女坂《おとめざか》間で貨物列車を牽引

JR貨物のDF200形電気式ディーゼル機関車

DE10形液体式ディーゼル機関車。
写真はJR貨物仙台総合鉄道部所属の1719号機だ

撮影：2点とも結解 学

し、やはり入換も行う。

機関車はどれだけのスピードを出せるか

「電気機関車やディーゼル機関車は１３８０トンの貨物列車を引くことが可能だ」とこれまで説明してきた。とはいえ、はたしてこの性能がよいのか悪いのかとらえづらいと言う方も多いだろう。

鉄道会社各社、そして鉄道車両メーカー各社は、機関車を設計する際に「何トンの重さの列車を、平坦区間または勾配《こうばい》区間で走らせたときに、どのくらいの速度まで出せるか」を検討する。この「どのくらいの速度まで出せるか」という指標を均《きん》衡《こう》速度という。言うまでもなく、均衡速度がより大きな機関車ほど性能は高い。

電気機関車から見ていこう。平坦区間と見なされる10パーミルまでの上り勾配区間では、ＪＲ貨物のＥＨ８００形交流電気機関車、ＥＨ５００形交直流電気機関車がともに均衡速度が最も大きい。ＥＨ５００形は交流で電化された区間、ＥＨ８００形は交流のうち２万５０００ボルトで電化された区間で、１０００トンの貨物列車を牽引しながら時速１０３キロメートルまで出すことができる。

いま挙げた10パーミルという数値は、１０００メートル進むごとに10メートルの高低差がつくという意味を表す。また、1000トンの貨物列車といっても1000トンすべてが貨物の重さではない。この数値は貨車を含めたものだ。1000トンの貨物列車はコンテナを積載しており、貨物の重さ、つまり荷重《かじゅう》は約500トン、貨車の重さも約500トンとなる。道路を走るコンテナ輸送用のトラックの場合、トレーラータイプでも1台の荷重は15トンほどだ。つまり、1000トンの貨物列車はトレーラー33台分のコンテナを一度に運ぶことができる。

勾配区間の場合、特にJR貨物は直流電気機関車では20パーミル、交流電気機関車と交直流電気機関車とでは25パーミルを想定しているので比べるのが難しい。それぞれの首位を示すと、直流電気機関車はJR貨物のEH200形が1020トンの貨物列車を牽引したときの均衡速度が時速65キロメートル。交流電気機関車、交直流電気機関車はやはりEH800形、EH500形が交流区間（EH800形は交流2万5000ボルトの区間）で1000トンの貨物列車を牽引したときの均衡速度が時速53キロメートルだ。

ディーゼル機関車を見ていこう。こちらはJR貨物のDF200形の独擅場《どくせんじょう》だ。10パーミルまでの勾配区間では1000トンの貨物列車を牽引して時速50キロメートルまで出せる。いっぽう、20パーミルの勾配区間で500トンの貨物列車を牽引したときの均衡速度は時速49キロメートルだ。

ＤＦ２００形の性能は勾配によって貨物列車の重さが異なるのでつかみづらい。そこで、１０００トンの貨物列車を牽引して20パーミルの勾配区間を走行したと考えると、理論上の均衡速度は時速49キロメートルの半分の時速24・５キロメートルとなる。

お世辞にも速いとは言えないものの、実はＤＦ２００形が用いられている北海道、中京地区において20パーミルの上り坂は案外少ない。北海道の石北線の上川《かみかわ》―白滝《しらたき》間と生田原《いくたはら》―西留辺蘂《にしるべしべ》間に最も急で25パーミルという勾配区間があるだけだ。石北線の貨物列車の重さは５００トン前後と比較的少ない。ＤＦ２００形が１０００トンの貨物列車を引いて20パーミルの上り勾配にあえいでいる状態はそう多くないと言える。

機関車はどれほどのパワーを備えているか

前項をお読みになって、電気機関車にしろ、ディーゼル機関車にしろ、１０００トンの重さの貨物列車を牽引して走行できることがおわかりいただけたであろう。力持ちでしかもスピードも速いと、陸上の交通機関ではまさにかなうもののない王者だ。それでは、機関車の純粋なパワー、つまり機関車が備えている牽引力、正式には「引張力《ひっぱりりょく》」は、いったいどのくらいなのか気になる。最大で1380トンの貨物列車を牽引できるのだから、余裕を見て1500トンくらいではないか——。そう考えた人は多いかもしれない。

引張力はkN（キロニュートン）という単位で表す。1キロニュートンは102kgf（キログラムフォース）で、102キログラムフォースとは「質量102キログラムの物体に対して力をかけて引っ張ることができる」という意味になる。

国内の機関車で最大の引張力をもつ機関車はJR貨物のEH200形だ。引張力は271・8キロニュートンで、わかりやすく換算すれば2万7724キログラムフォースとなる。2万7724キログラムはトンに換算すると27・724トン。従ってEH200形は27・724トンの物体を引っ張る力をもつことになる。

いま挙げた数値は誤りではない。とはいうものの、あまりに少ないので驚いたであろう。何しろ、1000トンの貨物列車を相当なスピードで牽引できる機関車の引張力が、貨物列車の重さ1000トンに対してわずか100分の3程度しか備えられていないからだ。

その謎を解く鍵は、機関車の車輪と機関車が走るレールとにある。どちらも表面が滑らかに仕上げられた金属であるために摩擦が少なく、結果として小さな力で重い貨物列車を動かすことができるのだ。

では、最低限、どの程度の引張力があれば貨物列車を引き出すことができるのか。JR貨物の前身となる日本国有鉄道（国鉄）が1950年代に行った実験の結果をもとに紹介しよう。

機関車が最も大きな引張力を発揮しなければならない状況とは、静止した状態から加速させるときとなる。このときに必要な引張力は1トン当たり0・049キロニュートンであるという。

ゆえにEH200形が牽引する貨物

国内最大の引張力をもつJR貨物のEH200形直流電気機関車（撮影:結解 学）

列車として最も重い1380トンの貨物列車を発進させる際に必要な引張力は67・62キロニュートンだ。271・8キロニュートンの引張力をもつEH200形にとって苦もなくこなせてしまう。というよりも引張力が過大過ぎるきらいすらある。

いま示した条件は平坦な区間でのもの。上り勾配区間で発進させる際は、次のような式にあてはめて必要な引張力を求める。勾配（パーミル）×列車の重さ（トン）×重力加速度（9・8メートル／s／s）÷1000で、仮に10パーミルの上り坂で1380トンの貨物列車を引き出すとすると、引張力は135・24キロニュートンあればよい。

上り勾配区間のほか、カーブの区間でも引張力は余計に必要となる。直線区間と比べると走行時に抵抗が生じるので、その分の引張力を備えていないと対処できないのだ。

カーブの区間での引張力についても、国鉄は実験を行って式を立てた。600（定数）÷曲線半径（メートル）×列車の重さ（トン）÷1000×重力加速度（9・8メートル／s／s）だ。もしも半径400メートルという比較的急なカーブで1380トンの貨物列車を発進させるとすると、20・286キロニュートンの引張力が余分に必要となる。

上り坂とカーブとの双方が存在する区間では、いま求めた引張力を加えればよい。重さ1380トンの貨物列車を10パーミルの上り勾配区間で、なおかつ半径400メートルの曲線区間で発進させるために必要な引張力は135・24キロニュートンに20・286キロニュートンを加えた155・526キロニュートンとなる。EH200形がもつ引張力と比べてまだ少ないものの、この程度の余裕はなくてはならないであろう。

というのも、たとえば雨や雪の日にレールの表面が濡れて車輪とレールとの摩擦が普段より少ないときとか、何らかの理由で発進の際に車輪がスリップしてしまったときなど、引張力が余分にあればありがたいからだ。

どんなブレーキを装備しているか❶——自動空気ブレーキ装置

機関車は走行のために必要な動力の発生源であると同時に、貨車を含めた車両全体のブレーキを作動させるもととなっている。その機関車が備えているブレーキは1種類という例が多い。そして、急勾配の下り坂が長くて多い区間で使用される機関車では、もう1種類追加されて2種類となる。

ＪＲ貨物、民鉄を問わず、機関車に装備されているブレーキ装置は「自動空気ブレーキ装置」で、空気ブレーキ装置の一種だ。空気ブレーキとは、高圧の圧縮空気を用いてピストンを内蔵したブレーキシリンダを作動させ、「制輪子《せいりんし》」と呼ばれるブレーキシューを車輪に直接押し付けたり、車軸《しやじく》や車輪に装着したブレーキディスクを「ブレーキライニング」と呼ばれるブレーキシューで締め付けることで車両を止める摩擦《まさつ》ブレーキである。

自動空気ブレーキ装置という名から、機関車の運転士に代わって自動的にブレーキをかけてくれる装置のように思えるがそうではない。作動させるには運転士がブレーキレバーかブレーキ弁を動かす必要がある。

このブレーキ装置は、ブレーキ管（圧縮空気をたくわえた元空気タンクからブレーキ装置を作動させるブレーキシリンダまでの間を結ぶ空気の管）に常に490キロパスカルの圧縮空気を充塡《じゆうてん》しておき、圧縮空気の圧力を下げることでブレーキが利く仕組みをもつ。もう少し具体的に説明すると、コンプレッサーによってつくられた圧縮空気をためておく元空気タンクからブレーキ管へと圧縮空気が供給され、この圧縮空気は車輪の近くに設けられた三圧力式制御弁を経て、補助空気タンクとも呼ばれる定圧空気タンクへと向かう。このときブレーキ管の圧力を下げると、ブレーキ管の圧力を元に戻そうと、定圧空気タンクから三圧力式制御弁へと圧縮空気が流れだす。三圧力式制御弁はブレーキ管への道をふさぎ、圧縮空気を代わりにブレーキシリンダへと導く。こうしてブレーキが利くのである。

以上の説明で首をかしげた人も多いかもしれない。ブレーキを作動させる際にブレーキ管の圧力を下げるのではなく、普段はブレーキ管に圧縮空気は込めておかずに、作動させる際に圧力を上げて直接ブレーキシリンダを動かせばよいのではないかと。

実はいま説明したブレーキ装置も「直通ブレーキ装置」として鉄道車両で用いられている。直通ブレーキ装置は自動ブレーキ装置と比べて利きが速く、しかもブレーキの加減を調整しやすい。にもかかわらず、自動空気ブレーキ装置が採用されているのは、何両も連結した車両どうしが走行中に万一分離してしまったときのことを考慮したからだ。自動空気ブレーキ装置であれば、車両どうしが離れ離れになったときに、車両間に引き通したブレーキ管も一緒に切れてしまう。すると、ブレーキ管の圧力は一気に下がり、自動的にブレーキがかかる。ブレーキ管が破損したときも同様だ。自動ブレーキ装置の「自動」とは、このような働きから名付けられた。

自動空気ブレーキ装置は機関車から作動するので、後方に連結された貨車のブレーキが作動するまで時間を要する。ＪＲ貨物の実測では緊急時に一気にブレーキ管の圧力を下げて作動させる非常ブレーキであっても、機関車の次に連結した貨車のブレーキが利くのは1秒後で、以下1両につき0・2秒を要するという。従って貨車を26両連ねたコンテナ列車の場合、最後尾の貨車のブレーキが利くのは機関車でブレーキを作動させてから6秒後となる。

これでは遅いので、JR貨物は、最高速度が時速110キロメートルか、1300トンのコンテナ貨物列車については、貨車に対してブレーキを作動させたという情報を機関車から貨車へ電気信号でも伝える「電磁自動空気ブレーキ装置」を一部の機関車に搭載した。電磁自動空気ブレーキ装置でもブレーキシリンダは空気圧で作動するので変わらない。ただし、各貨車のブレーキ管の圧力が下がる前でも電気信号の命令で三圧力式制御弁が動き、定圧空気タンクからブレーキシリンダへと圧縮空気が供給されて、ブレーキがより速く利く。

機関車が搭載する自動空気ブレーキ装置には、ブレーキが利く範囲が2種類設定されている。1つは、機関車はもちろん、すべての貨車に作動するというもので、自動ブレーキ弁を操作して行う。本来は操作する装置にすぎないが、このようなブレーキを指して「自動ブレーキ弁」、略して「自弁」とも呼ばれる。もう1つは機関車だけに作動するというもので「単独ブレーキ弁」という。こちらも本来は操作の際に扱う弁であるが、このようなブレーキそのものを単独ブレーキ弁、略して「単弁」と呼んでいる。

機関車が備えているもう1種類のブレーキについては次項で紹介しよう。

どんなブレーキを装備しているか❷——発電ブレーキ

機関車のなかで、急勾配区間が存在する路線であるとか、勾配は緩くても下り坂が長い距離が存在する路線で使用されるものには、自動空気ブレーキ装置のほかに別の種類のブレーキを備えている。発電ブレーキだ。

発電ブレーキとは、機関車が走行用に装着しているモーターを発電機として使用することで生じる大きな抵抗により、車軸を回転させないように働く力を活用したブレーキを指す。自動空気ブレーキ装置のように摩擦によるブレーキではなく、自動車のエンジンブレーキのような仕組みで車両の速度を落とす。このため、長い間ブレーキを作動させ続けても、圧縮空気であるとか制輪子、ブレーキライニングが消耗しないので、安定したブレーキ力が得られるという利点をもつ。いっぽうで、貨車にはモーターが搭載されていないので必然的に発電ブレーキは作動しない。機関車だけにブレーキが作動するので列車を停止、特に急停止させることは不可能だ。機

長い下り坂で一定の速度を保ちながら走行するために作動させるブレーキを意味する「抑速《よくそく》ブレーキ」として使用される。

この発電ブレーキの種類は2つ。抵抗ブレーキ、電力回生ブレーキだ。

抵抗ブレーキとは、モーターによって発電された電力を抵抗器で熱として消費してしまう方式だ。かつてはこの方式が一般的であったので、鉄道の世界では一般的には単に「発電ブレーキ」という。

もう1つは発電された電力を架線に戻したり、機関車に搭載された蓄電池に供給する方式だ。こちらは「電力回生ブレーキ」という。自動車でも電気自動車やハイブリッド車が備えているので、あらましが何となくわかるという方も多いかもしれない。抵抗ブレーキと比べれば省エネルギー性に富んでいる。ただし、架線に電力を戻す方式の電力回生ブレーキの場合、作動させたら常に発電された電力が架線に流れていくかというとそうではなく、近くにほかの電気機関車なり、電車がいて、電力を消費してくれなければ作動しないという欠点がある。

貨物運送事業を行っている機関車のうち、発電ブレーキを搭載しているのは2021（令和3）年4月1日現在で450両（**表2**）。内訳はJR貨物が411両、民鉄が39両だ。

表2　発電ブレーキを搭載した機関車（2021年4月1日現在）

鉄道会社名	形式名	機関車の種類	発電ブレーキの種類	両数
JR貨物	EF64形	直流電気機関車	抵抗ブレーキ	35
	EF67形	直流電気機関車	電力回生ブレーキ	3
	EF210形	直流電気機関車	抵抗ブレーキ	121
	EH200形	直流電気機関車	抵抗ブレーキ	25
	EH800形	交流電気機関車	電力回生ブレーキ	20
	EH500形	交直流電気機関車	抵抗ブレーキ	82
	EF510形	交直流電気機関車	抵抗ブレーキ	38
	DF200形	電気式ディーゼル機関車	抵抗ブレーキ	48
	HD300形	電気式ディーゼル機関車	電力回生ブレーキ	39
計				411
黒部峡谷鉄道	ED形	直流電気機関車	抵抗ブレーキ	2
	EDS形	直流電気機関車	抵抗ブレーキ	1
	EDM形	直流電気機関車	抵抗ブレーキ	3
	EDR形	直流電気機関車	抵抗ブレーキ	12
	EDV形	直流電気機関車	抵抗ブレーキ	4
	EHR形	直流電気機関車	抵抗ブレーキ	2
計				24
大井川鐵道	E10形	直流電気機関車	抵抗ブレーキ	2
	ED500形	直流電気機関車	抵抗ブレーキ	1
	ED90形	直流電気機関車	抵抗ブレーキ	3
計				6
三岐鉄道	ED45形	直流電気機関車	抵抗ブレーキ	9
計				9
民鉄計				39
合計				450

注：JR貨物は2021年1月27日現在。大井川鐵道のE10形、ED500形は大井川本線用、ED90形は井川線用。三岐鉄道ED45形の発電ブレーキは使用されていない

これら450両のうち、急勾配区間であるとか長い下り坂があるという理由で装備されている機関車はJR貨物のEF64形、EF67形、EH200形の各直流電気機関車、EH800形交流電気機関車、EH500形交直流電気機関車、黒部峡谷鉄道の全24両、大井川鐵道のED90形直流電気機関車だ。

その他の機関車はなぜ搭載しているかというと、JR貨物のEF210形の各直流電気機関車、EF510形交直流電気機関車、DF200形電気式ディーゼル機関車は理由が共通している。技術の革新によって搭載しても製造費用や重さといった面で不利にならないからだ。

JR貨物のHD300形電気式ディーゼル機関車の場合、モーターを駆動させる際にディーゼル発電機によって発電された電力以外に蓄電池に充電された電力も用いるため、電力回生ブレーキ装置を搭載した。大井川鐵道のE10形、ED500形、三岐鉄道のED45形の各直流電気機関車はもともと他の鉄道会社で使用するために装着していて、その後、大井川鐵道や三岐鉄道に譲渡されたという経緯をもつ。

JR貨物初の貨物電車「M250系」、どこが画期的だったか

貨物列車で動力を生じさせる装置を搭載した車両はほぼ機関車ばかりだが、すで

に説明したように旅客を乗せる車両では電車が圧倒的に多い。その貨物列車のなかにも1日に1往復だけ電車を用いた列車が運転されている。

その貨物列車とはJR貨物の高速貨物列車Aの第51列車、同じく第50列車だ。「高速貨物列車A」とは、簡単に言うと最高速度が時速100キロメートル以上の貨物列車を指す。後ほど改めて説明しよう。

JR貨物は第51・50列車を「スーパーレールカーゴ」と呼んでいる。両列車は東京都品川区にある東海道線の東京貨物ターミナル駅と大阪府大阪市此花《このはな》区にある桜島《さくらじま》線の安治川口《あじかわぐち》駅との間の559・8キロメートルを結ぶ。特筆すべきはその速さで、第51列車は6時間12分、第50列車は6時間11分でそれぞれ走り抜く。途中の駅での停車時間を含めた平均速度を意味する表定《ひょうてい》速度は、それぞれ時速90・3キロメートル、時速90・5キロメートルにも達し、JR旅客会社の在来線の特急列車と比べても勝るとも劣らない。

「スーパーレールカーゴ」が運んでいるのは佐川急便の宅配コンテナである。1個7・85トン積みのU54A形という専用のコンテナで、「スーパーレールカーゴ」が一度に運ぶことができるのは28個、219・8トンの貨物だ。機関車が牽引する貨物列車であれば通常は500トン以上も運べるので、「スーパーレールカーゴ」

の輸送力は半分以下しかない。

これはスピードを最優先させたからである。東海道線という全国一の大幹線であっても曲線区間や勾配区間が多いために加速や減速が多く、地盤が悪いために線路があまり重い車両を負担できないという条件では、動力発生装置を分散して搭載している電車のほうがスピードの面では圧倒的に優れているからだ。新幹線を含めて旅客列車の大多数が電車で運転されているというのもまさにこの日本の鉄道の特徴を物語っている。

JR貨物は「スーパーレールカーゴ」を走らせるためにM250系という専用の直流貨物電車を開発した。M25

「スーパーレールカーゴ」に用いられるJR貨物のM250系直流貨物電車（撮影：結解 学）

0系は16両編成を組み、編成の両端の2両ずつ、合わせて4両がモーターを搭載しており、中間の12両にはモーターはない。

モーターの1時間定格出力は1基当たり220キロワットで、1両当たり4基搭載しているから、16両編成での出力は3520キロワット。20ページで取り上げたEF210形の3390キロワットすら上回る。そのうえ、貨物の重さは半分、「スーパーレールカーゴ」全体の重さも730トンなので、余裕はすべてスピードに振り分けられた。M250系の最高速度は時速130キロメートルだ。

軽量な列車は線路への負担が少ないのでカーブでの制限速度も緩くなる。たとえば、半径400メートルと比較的急な曲線では、コンテナ列車の制限速度が時速75キロメートルであるところ、時速90キロメートルで走行可能だ。時速にしてたった15キロメートル分と言うなかれ。カーブの前でブレーキをかける距離も時間も減れば、カーブの後で加速する距離も時間も減るので、無数と言ってよいほど点在する曲線のなかを走れば相当な時間の短縮となる。

M250系のもう1つの特徴は、電車としたことで駅での入換の時間を極力省いたという点だ。貨物を取り扱う駅の詳細は6章で説明するとして、基本的に貨物列車は「荷役線《にやくせん》」と呼ばれる貨物の積み卸しを実施する専用の線路でコンテナなどを貨車に載せたり、卸している。この荷役線はフォークリフトなどを使用する都合で原則として架線は張られていない。電気機関車が牽引する貨物列車の場合、荷役線への出入りは入換用のディーゼル機関車が担当し、「着発線《ちゃくはっせん》」と呼ばれる線路で機関車を交換するという手順を踏んでいた。

しかし、宅配物を取り扱うM250系は、入換の時間を惜しんでぎりぎりまで荷役を行うという使命が課せられている。M250系の両端にはモーター付きの車両が連結されていることから、どちらかの2両を使用し、荷役線の手前まで張られている架線を有効に活用してディーゼル機関車の力を借りることなく荷役線に出入りすることができるのだ。

最後の活躍を続ける伝説の名機「EF65形」

近年は数を減らしてきたものの、JR貨物には国鉄から引き継いださまざまな車両が活躍中だ。国鉄形車両と呼ばれる仲間のうち、電気機関車のなかで最も有名な存在はEF65形という直流電気機関車であると言ってよい。2021（令和3）年1月27日現在で神奈川県川崎市幸《さいわい》区にある新鶴見機関区に35両が在籍し、東海道線を中心に首都圏一帯、さらには四国の松山駅にも足を延ばす。

ＥＦ65形は東海道線や山陽線といった平坦な幹線で１０００トンの貨物列車を牽引する目的で開発され、１９６５（昭和40）年に登場している。それまでの直流電気機関車も同様の牽引能力を備えていた。しかし、トルク重視の設計であったためにＥＦ65形の１つ前の形式であるＥＦ60形で10パーミルの上り勾配での均衡速度が時速51キロメートルとやや遅い。もう少し速く走ることのできる電気機関車が望まれていたのだ。

そこで、ＥＦ65形は出力２５５０キロワットというＥＦ60形の特徴は変えず、モーター軸側の歯車と車軸に装着された歯車との歯数比を４・４４から３・８３へと回転力重視のものに下げている。この結果、10パーミルの上り勾配で１０００トンの貨物列車を牽引したときの均衡速度は時速58キロメートルへと向上した。

ＥＦ65形が国鉄形の電気機関車のなかでひときわ輝きを放っている理由はいくつか挙げられる。３０７両と、国鉄、ＪＲ、民鉄を問わず、電気機関車のなかで最も多く製造されたという点、そしてブルートレインと呼ばれた寝台特急列車を牽引していたという点だ。特に後者の理由によってＥＦ65形はいわゆる「伝説の機関車」となった。

寝台特急列車を牽引するに当たり、国鉄は専用の５００番台を１９６５年に登場させている。基本的な性能は貨物列車牽引用と同じながら、電磁自動空気ブレーキ装置を追加するなどブレーキの性能を高め、寝台特急列車を時速110キロメートルで牽引可能だ。

塗色は、貨物列車牽引用は青一色に前面下部だけクリーム色という割合地味ないでたちであったところ、500番台は寝台客車と調子を合わせるため、青色をベースに前面は上部をクリーム色に塗り分け、側面には上下2本の白色の帯を入れて、寝台客車側の白色の帯と位置を合わせている。特別仕様と明らかにわかるために鉄道愛好者からすぐに人気を博した。

なお、500番台のなかには、最高速度を時速100キロメートルに引き上げた10000系と呼ばれる高速貨車の牽引に備えたグループも存在する。こちらも電磁自動空気ブレーキ装置などを搭載し、2両の500番台を連結した重連《じゅうれん》で牽引するための装備ももつが、寝台特急列車は牽引できない。500番台のなかでもこちらは貨物の英語「Freight」から「F形」と呼ばれた。なお、寝台特急列車牽引用は旅客の英語「Passenger」から「P形」という。

P形とF形とが分かれていて不便ということから、1969（昭和44）年からは両者の特徴を併せもつ1000番台がつくられた。こちらは「PF形」という。前面はそれまでのＥＦ65形とは異なり、中央に扉が付いている。これは2両連結して運転した際に運転士が隣の電気機関車に乗り移ることができるようにするためだ。ＰＦ形も寝台特急列車を牽引し、多くの人々から人気を集めた。

　国鉄が分割民営化された際、ＪＲ貨物は貨物列車牽引用、５００番台、１０００番台とを合わせて１９９両引き継いだ。しかし、貨物列車牽引用、５００番台は老朽《ろうきゅう》化《か》が進んだためにいまはすべて姿を消した。

　残った１０００番台は機器の更新を行いながら使用されているが、運転状況記録装置という保安装置を新たに載せなかったので最高速度は時速１１０キロメートルから

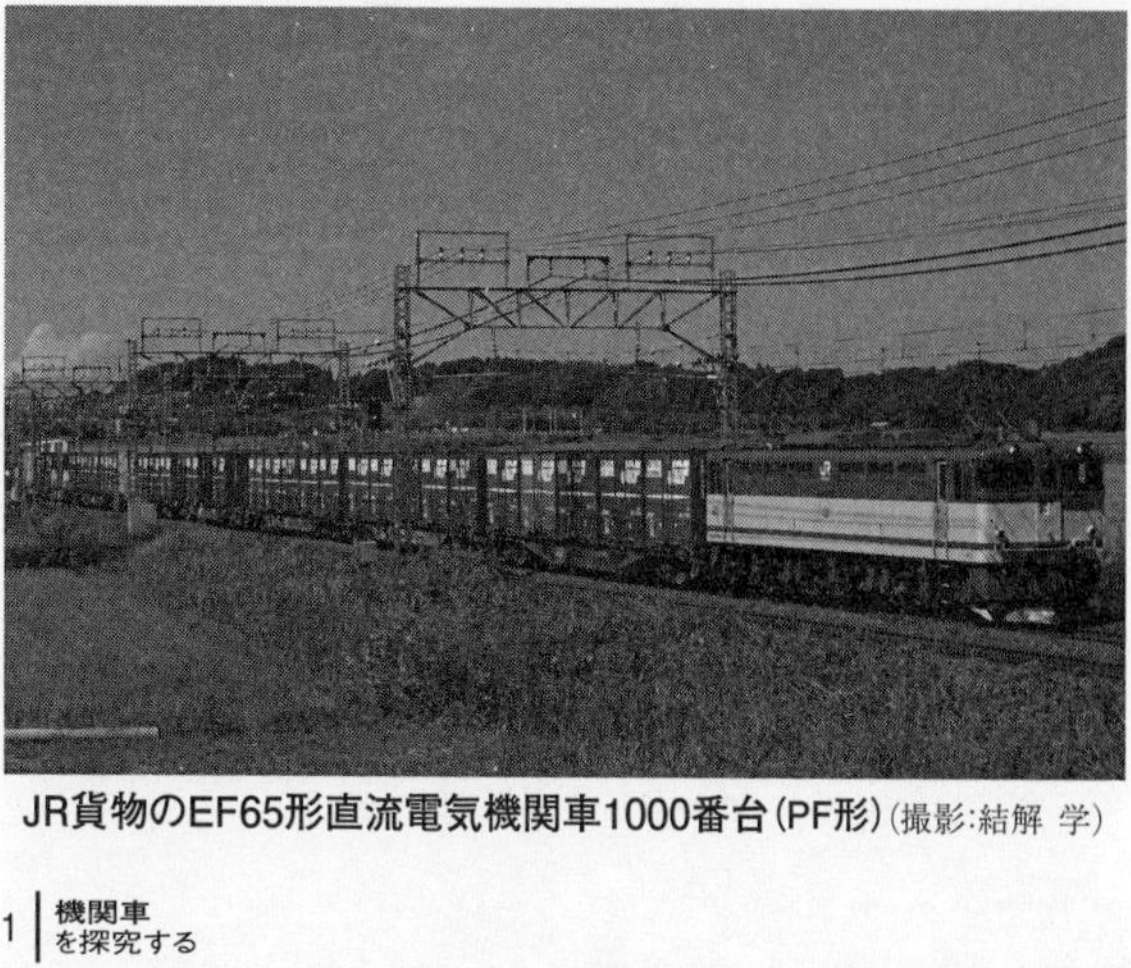

JR貨物のEF65形直流電気機関車1000番台（PF形）（撮影:結解 学）

時速100キロメートルへと下げられ、区別のために2000番台に変えられている。2020年代にはすべて引退するであろうが、最後の日まで事故に遭うことなく走り抜いてほしいものだ。

いまなお現役！ディーゼル機関車の巨頭「DD51形」

ディーゼル機関車でEF65形直流電気機関車に匹敵《ひってき》する名車と言えるのは、JR貨物のDD51形液体式ディーゼル機関車だ。2021（令和3）年1月27日現在で愛知県稲沢市にある愛知機関区に6両が在籍するのみで、定期的に牽引を担当する列車は存在しない。

DD51形は、非電化区間で蒸気機関車でしか成し得なかった重い貨物列車を牽引する目的で開発され、1962（昭和37）年に登場した。それまで国内で使用されていた最も高出力のディーゼル機関車である電気式ディーゼル機関車のDF50形を大きく上回る出力を備えて登場している。

DF50形は780キロワット（1060仏馬力）または883キロワット（1200仏馬力）の出力をもつディーゼルエンジンで発電し、1両当たり6基のモーターによって得られる定格出力は前者が600キロワット、後者が660キロワットと、

42ページで紹介したM250系の1両分にも満たない。出力を上げようとすればディーゼルエンジンや発電機が大きく、重くなってしまい、地盤が弱いために重い車両を支えられない日本の鉄道では走行できないからだ。おかげで、重い貨物列車の牽引には戦前に設計されたD51形蒸気機関車が1960年代に入ってもいまだ主力という状況であった。

国鉄はDD51形を液体式ディーゼル機関車として開発を行う。ディーゼルエンジンの重さは電気式も同じとして、当時の技術水準では発電機やモーターを制御するための制御装置とを合わせた重さと、液体変速機とを比較すれば、後者のほうが軽かったからだ。

とはいえ、自動車のオートマチックトランスミッションのように1基でディーゼルエンジンの回転数とトルクとをコントロールすることは不可能だ。国鉄はDD51形に搭載するディーゼルエンジンについて、1基当たり735キロワット（1000仏馬力）程度で1両に2基搭載しようと考えていた。だが、当時は1基の液体変速機でこれだけの出力に耐えられるものは存在しない。

国鉄はドイツのフォイトターボ社が開発した「充排油式」という液体変速機を参考に新たに製造に取り組む。充排油式とは、自動車のオートマチックトランスミッションの大型版となるコンバータを3基搭載し、その時点でのディーゼルエンジンの回転数やトルク、機関車の速度に合わせてうち1つを選ぶというもの。ディーゼルエンジンの回転数やトルクを制御する際にはコンバータ内に自動車でいうトランスミッションオイルを充塡《じゅうてん》し、ほかのコンバータで同様に制御するとなったらトランスミッションオイルを抜くということからこの名が付けられた。

液体変速機の開発に際し、フォイトターボ社からの技術提携を受けずに独力で行ったため、大変な苦労があったという。しかし、国鉄をはじめ、当時の主要な鉄道車両メーカーが協力して開発に取り組んだ結果、DW2形と命名された液体変速機はついに完成し、DD51形に搭載される。

ディーゼルエンジンの定格出力は1基当たり809キロワット（1100仏馬力）で1両当たりの定格出力は1618キロワット（2200仏馬力）だ。DF50形のようにモーターの出力に換算してもおよそ1200キロワットと、従来の2倍の出力が得られるようになった。

DD51形の特徴は凸《とつ》型の車体をもつという点だ。凸型の車体は、本来は入換に用いるディーゼル機関車に向いていて、前後の向きを頻繁に変えて運転するには都合がよい。しかし、DD51形のように長い距離を運転するには前方の見通しがやや悪くなってしまう。見映《みば》えもよいとは言えない。国鉄はそうした不利を承知のうえで、軽量化であるとか、運転用の機器を1カ所にまとめて製造費が下げられるといった理由から凸型の車体を採用した。

国鉄はＤＤ51形を６４９両製造し、四国を除いた全国の非電化の主要な路線に投入している。１０００トンの貨物列車を牽引したとき、10パーミルの上り勾配での均衡速度は時速29キロメートル、20パーミルの上り勾配ではＤＤ51形を２両用いて均衡速度は時速21キロメートルと、いまの基準で見れば性能はもの足りない。

しかし、ＤＦ50形の場合、10パーミルの上り勾配での均衡速度は８００トンの貨物列車を牽引して時速23キロメートル、20パーミルの上り勾配では１０００トンの貨物列車を牽引するにはＤ51形２両の助けを借りても均衡速度は時速18キロメートルであったから、大きな進歩と言える。

ＤＤ51形のディーゼルエンジンや液体変速機は、距離の短い区間での運転や入換運転用のＤＥ10形、純粋な入換運転用のＤＥ11形にも取り入れられ、ともに大量に製造された。ＪＲ貨物は２０２１年１月27日現在でＤＥ10形を35両、ＤＥ11形を５両保有している。

力強く走るＤＤ51形は、偶然にも「デゴイチ」という愛称で親しまれたＤ51形の頭にアルファベットのＤを加えた形式であったため、国鉄の現業部門（運転、運輸、車両検査修繕《しゅうぜん》、軌道・電気・通信保守部門など）では「デデゴイチ」などと呼ばれた。その「デデゴイチ」をＪＲ貨物は１３７両引き継ぎ、各地で使用したが、老朽化が進んだこと、さらに非電化路線での貨物営業の廃止も相まって、２０００年代に入って急速に数を減らしてしまう。

ＪＲ貨物はＤＤ51形の後継となるディーゼル機関車を導入するに当たり、新たな液体変速機の開発には手間を要するとして、電気式のＤＦ２００形を製造した。ディーゼルエンジンや発電機は他の産業分野で用いられているものを、モーターの制御装置であるとかモーターは電気機

JR貨物のDD51形液体式ディーゼル機関車。写真の822号機はすでに廃車となり、いまは見ることができない（撮影：梅原 淳）

関車のものをそれぞれ流用すればよいからだ。

すでに廃車を待つ状況となったＤＤ51形はもちろん、ＪＲ貨物から液体変速機を搭載したディーゼル機関車自体が姿を消すかもしれない。それも時代の流れであろう。

2章 貨車とコンテナとを探究する

●個性的な顔ぶれが勢ぞろい！

さまざまなモノを載せる「貨車」は、どんな車両か

貨車とは貨物を積む車両で、動力を生じさせる装置をもたず、動力を生じる車両から他の車両を制御するための中継も行わず、機関車に牽引される車両を指す。

本書が取り扱っている貨物列車の世界では主役は貨車だ。コンテナ列車の26両編成であるとかタンク列車の23両編成というのは貨車の両数であり、機関車の両数は含まない。勾配《こうばい》のきつい区間では「補助機関車」といって機関車の両数を増やすケースも多い。だが、機関車を何両連結しようと、貨物列車の「何両」とはあくまでも貨車の両数だ。

機関車、そして旅客を乗せる電車やディーゼルカー、客車と比べて簡素な構造をもつように見えるため、貨車にはさまざまな設備が省略されているように一般には考えられている。

しかし、それはモーターやエンジンといった動力を生じさせる装置や、旅客を乗せるための客室が存在しないというだけにすぎない。車輪に車軸といった走行装置はもちろんのこと、車両の速度を緩《ゆる》めたり、停止するためのブレーキ装置、他の車両と連結するための連結装置を備えている。

特に、貨車については「ブレーキ装置は搭載《とうさい》されていない」と考えている方が多いが、そのようなことはない。ブレーキを作動させるために必要な圧縮空気は機関車から供給されるものの、車輪に制輪子（36ページ参照）を押し付けるブレーキ装置自体はどの貨車にも付いている。

全国には2019（平成31）年3月31日現在で1万410両の貨車が活躍しており、種類と両数は58ページの**表3**のとおりだ。有蓋車《ゆうがいしゃ》や無蓋車《むがいしゃ》といった貨車の種類については次項以降で説明するとして、種類別に見ると、コンテナ車が7153両と68・7パーセントを占め、以下、タンク車が1896両で18・2パーセント、ホッパ車が721両で6・9パーセントと続く。

表3　貨車の種類と両数（2019年3月31日現在）

			有蓋車	無蓋車	コンテナ車	タンク車	ホッパ車	計
貨物運送を実施している鉄道事業者	1	JR貨物	0	94	7,152	1,895	338	9,479
		計	0	94	7,152	1,895	338	9,479
	2	太平洋石炭販売輸送	0	28	0	0	0	28
	3	八戸臨海鉄道	0	0	0	0	4	4
	4	岩手開発鉄道	0	0	0	0	45	45
	5	黒部峡谷鉄道	3	142	0	0	0	145
	6	秩父鉄道	2	2	0	0	130	134
	7	名古屋鉄道	0	4	0	0	6	10
	8	大井川鐵道	4	17	0	0	2	23
		民鉄計	9	193	0	0	187	389
		計	9	287	7,152	1,895	525	9,868
貨物運送を実施していない鉄道事業者	1	JR北海道	0	26	0	0	0	26
	2	JR東日本	1	158	0	0	138	297
	3	JR東海	0	0	0	0	0	0
	4	JR西日本	0	131	0	0	49	180
	5	JR四国	0	5	0	0	0	5
		JR計	1	320	0	0	187	508
	6	弘南鉄道	0	0	0	0	2	2
	7	津軽鉄道	0	3	0	1	0	4
	8	富山地方鉄道	0	0	0	0	2	2
	9	立山黒部貫光	0	2	0	0	0	2
	10	上信電鉄	2	0	0	0	1	3
	11	小湊鉄道	1	2	0	0	0	3
	12	遠州鉄道	0	0	0	0	3	3
	13	えちぜん鉄道	0	0	1	0	0	1
	14	阪神電気鉄道	0	2	0	0	0	2
	15	近江鉄道	0	4	0	0	0	4
	16	嵯峨野観光鉄道	0	5	0	0	0	5
	17	広島電鉄	0	1	0	0	0	1
	18	高松琴平電気鉄道	0	1	0	0	0	1
	19	土佐くろしお鉄道	0	0	0	0	0	0
	20	平成筑豊鉄道	0	0	0	0	1	1
		民鉄計	3	20	1	1	9	34
		計	4	340	1	1	196	542
		合計	13	627	7,153	1,896	721	10,410
		割合	0.1%	6.0%	68.7%	18.2%	6.9%	100.0%

注：太平洋石炭販売輸送は2019年6月30日に鉄道事業を廃止した
出典：『平成30年度鉄道統計年報』（国土交通省、2021年3月）

貨車のうち9479両はJR貨物が保有し、その比率は全体の91・1パーセントにも達する。意外にも、貨物輸送を実施している民鉄の貨車の総数は389両と、JR東海、JR九州以外のJR旅客会社4社の貨車を合わせた508両よりも少ない。

もちろん、こうした民鉄にも貨車は走っているが、貨車の所有者の多くはJR貨物である。民鉄の貨物列車はすべてJR貨物の路線に乗り入れており、その貨車はJR貨物が用意するため、所有する必要がないのだ。

貨物輸送を行っていないJR旅客会社や民鉄が貨車をもっているのは不思議に感じられるかもしれない。大多数のケースでは、自社の線路をメンテナンスするために必要な資材を輸送している。

なお、JR北海道、JR四国、JR九州の一部の貨車、嵯峨野《さがの》観光鉄道の貨車は、なんと旅客を乗せている。車掌が乗務するための車掌車（80ページ参照）に沿線の観光案内スペースを設置したり、無蓋車に簡易な屋根を付けて開放感を演出したり……といった具合に、いずれも観光用のイベント列車に用いられているという特徴をもつ。

貨車の側面に記されたカタカナの意味

貨車の車体側面を見てみよう。「コキ」だとか「タキ」といったカタカナが記されている。このカタカナは、貨車の種類や積載可能な荷重を表す。

貨車の大多数はJR貨物が所有しているから、同社の命名方法を覚えておけば、ほぼすべての貨車の表記を理解できると言ってよい。それに、もともとは同じ組織の国鉄だったため、JR旅客会社もJR貨物と全く同じ方法で記しているし、黒部峡谷鉄道、立山黒部貫光《かんこう》、高松琴平《ことひら》電気鉄道を除く民鉄もJR貨物に準拠して名付けている。従って、本稿では特記のない限り、JR貨物の表記方法を紹介することとし、必要に応じて民鉄独自の表記も補足することとした。

61・62ページの**表4**もご覧いただきながら、貨車に施《ほどこ》された車両の表記を見ていこう。カタカナは1～3文字で表記される。1、2番目のカタカナは「構造用途記号」と呼ばれ、車両の構造や用途を、2番目のカタカナは「荷重記号」といって積載可能な荷重をそれぞれ示す。なお、貨車に車掌室が設けられている場合、最後にもう一度構造用途記号として「フ」を付ける。ちなみに、「フ」と付く貨車はJR貨物には存在しない。秩父鉄道の「ヲキフ」があるだけだ。

表4-① 貨車に施されたカタカナの表記

JR貨物ほか

表記方法：特殊標記符号（必要な場合）+構造用途記号+荷重記号+構造用途記号のフ（車掌室が設けられている場合）

特殊標記符号	意味	語源	備考
ハ	荷重が15トンでパレット荷役用の有蓋車	パレットのハ	
コ	荷重を15トンと17トンと併記している無蓋車、または全長12メートル以下のタンク車	小形のコ	
オ	荷重36トンの無蓋車、または車体長（台枠またはタンクの両端最突出点間の水平距離）16メートルを超えるタンク車、または全長12メートルを超えるホッパ車	大形のオ	
ア	アルミニウム合金製のタンク車	アルミニウムのア	
構造用途記号	**意味**	**語源**	**備考**
ワ	有蓋車	ワゴンのワ	
ス	鉄側（てつがわ）有蓋車	スチールのス	上信電鉄のみに存在
テ	鉄製有蓋車	鉄製のテ	秩父鉄道のみに存在
タ	タンク車	タンクのタ	
ト	無蓋車	トラックのト	
チ	長物車	timber（材木）のチ	
シ	大物車	重量品のシ	
ヲ	鉱石車	ore（鉱石）のヲ	秩父鉄道のみに存在
コ	コンテナ車	コンテナのコ	
ホ	ホッパ車	hopper（ホッパ）のホ	
ヨ	車掌車	車掌のヨ	
フ	緩急車（車掌室が設けられている車両）	ブレーキのフ	
C	中部電力の輸送に使用する車両	中部のC	大井川鐵道のみに存在
荷重記号	**意味**	**語源**	**備考**
なし	積載荷重が13トン以下		
ム	積載荷重が14トン～16トン	紫のム	大正時代、馬を運搬可能な荷重14トンの有蓋車をムと命名し、他の貨車にも広まった
ラ	積載荷重が17トン～19トン	紫のラ	
サ	積載荷重が20トン～24トン	紫のサ	
キ	積載荷重が25トン以上	紫のキ	大井川鐵道のCトキ200形の荷重は16トン

表4-②

黒部峡谷鉄道

表記方法：荷重記号+構造用途記号

荷重記号	意味	語源	備考
なし	積載荷重が13トン以下		
オ	積載荷重が13トン以下で通常よりも大形の貨車		
ナ	積載荷重が13トン以下で通常よりも長大な貨車		
ム	14トン～16トン		
構造用途記号	**意味**	**語源**	**備考**
ワ	有蓋車	ワゴンのワ	
ト	無蓋車	トラックのト	
チ	長物車	timber（材木）のチ	
シ	大物車	重量品のシ	

広島電鉄

表記方法：構造用途記号

構造用途記号	意味	語源	備考
貨	貨物車	貨物の貨	本来、広島電鉄の貨車は電車として分類されるものだが、同社は貨車と称している

カタカナの記号を使用しない

鉄道事業者名	備考
立山黒部貫光	同社の貨車は番号もなく、一緒に連結されている旅客車の1、2と同一の車両として扱われている
高松琴平電気鉄道	

例外もあり、3文字のカタカナを使用していても車掌室が設けられていない貨車や、カタカナ4文字の貨車もある。「ハワム」や「アコタキ」だ。実際に眺《なが》めてみると、「ハ」「アコ」はその後に続く「ワム」や「タキ」よりも小さく描かれている。こうしたカタカナは「特殊標記符号」と呼ばれ、貨車の構造を詳しく示すために記された。

車両の種類を表す最初のカタカナはとてもわかりやすい。有蓋車ならばワゴンの「ワ」、コンテナ車ならば「コ」

という具合に、記号のもとになった語源を容易に想像することができるからだ。「コキ」の「キ」のように、2番目に記されたカタカナは積載可能な荷重を表す。注意してほしいのは荷重が13トン以下の場合、記号が用いられないという点だ。

ところで、積載可能な荷重を示すカタカナは軽い順に「ム」「ラ」「サ」「キ」と、色の紫を連想させる。これはたまたま紫となったのではない。現業部門で覚えやすいようにとの配慮で決められたのだ。

近年の貨車は皆大きくなり、荷重が40トンを超えているものが大多数だ。このため、25トン積みの貨車も48トン積みの貨車もどちらも同じ「キ」を付けていて、実際の荷重を想像しにくくなってしまった。

そこで、JR貨物は形式番号で区別することとし、荷重が40～44トンのコンテナ車を100番台、45トン以上のコンテナ車を200番台と命名している。とはいうものの、根本的には新たなカタカナを導入するほうがよいことは言うまでもない。

いま見られる貨車❶

最も高速で走行できるコンテナ車

コンテナ車は箱状のコンテナを載せることのできる貨車を指す。JR貨物だけがコンテナ車を所有しており、コキ100系列のコキ101～107形、コキ200

形の各形式が存在する。いまも製造されているのはコキ107形、コキ200形だ。

いま挙げたコンテナ車は1両につき、基本的に荷重が最大5トンのJR12フィートコンテナを5個、または荷重が最大9トンのJR20フィートコンテナを3個、または荷重が最大13・8トンのJR30フィートコンテナを2個搭載できる。加えて船舶で輸送するときに用いられる海上コンテナの搭載も可能だ。ISO20フィートコンテナでは荷重が20トンならば2個、24トンならば1個、荷重が最大30・5トンのISO40フィートコンテナならば1個を載せることができる。

最新技術がふんだんに投入されている点もコンテナ車の特徴だ。最高速度は時速110キロメートルと、貨車のなかで最も高速で走行できる。高速で走行するため、コンテナ車にはほかの貨車には見られない工夫が施された。

台車から見ていこう。高速でも安定して走行できるよう、台車には「まくらばね（台車と車体との間に設けられたばね）」のほか、旅客車のように「軸ばね（車軸と台車との間に設けられたばね）」も設けられた。

コンテナ車のブレーキ装置は、基本的には自動ブレーキ装置である。復習の意味で記すと、先頭車から最後部の車両まで引き通したブレーキ管に圧縮空気を込めておき、圧縮空気を抜けばブレーキ装置が作動し、圧縮空気を増やせばブレーキが緩むというものだ。

時速110キロメートルまたは1300トンの貨物列車として走るコンテナ車には、ブレーキ装置はブレーキが即座にかかったり、ブレーキ力が強くなるよう、電磁自動空気ブレーキ装置が搭載されている。

詳しく言うと、運転士のブレーキ操作と同時に電気信号がコンテナ車に送られ、電磁石で作動する電磁弁を作動させてブレーキ装置を動かす。電気信号の伝わる速さはブレーキ管の圧縮空気が抜けるよりもはるかに短いから、ブレーキが早く利く。重い貨物を搭載して高速で走行する際には欠かせない。

電磁自動空気ブレーキ装置を作動させるにはすべての車両に電線を引き通す必要が

JR貨物のコキ107形コンテナ車（撮影:梅原 淳）

あり、機関車にも電気信号を送る装置が必要だ。また、速度が上がるほど圧縮空気の消耗が著《いちじる》しい。そこで、ブレーキ管とは別に各車両のブレーキ装置に圧縮空気を供給する「元空気だめ管」もやはり引き通している。

コンテナ車は貨車の主役と言ってよい。2018（平成30）年度に鉄道によって4227万トンの貨物が運ばれたうち、コンテナ車が担当した貨物の量は2300万トンと54・4パーセントを占めた。貨物運輸収入に目を向けるとコンテナ車は他の貨車を圧倒している。締めて1204億円の貨物運輸収入が得られたうち、コンテナ車は実に87・8パーセントに当たる1057億円も稼ぎ出した。

いま見られる貨車❷——屋根の付いた有蓋車

極めて簡単な説明ながら、屋根の付いた貨車を「有蓋車」という。表4（61・62ページ参照）で紹介した構造用途記号のなかで、「ワ」「ス」「テ」の記号をもつ貨車が該当する。細かく言うと、「ワ」は有蓋車、「ス」は鉄側《てつがわ》有蓋車、「テ」は鉄製《てっせい》有蓋車だ。

JR貨物が有蓋車を1両も保有していないという現実からもわかるように、かつては貨車の主役であった有蓋車もすっかり下火《したび》となってしまった。貨物運送事業を実施している有蓋車は黒部峡谷鉄道、大井川鐵道の両社だけ。黒部峡谷鉄道は食料品や火薬、大井川鐵道は井川《いかわ》線の沿線にある中部電力の井川・畑薙《はたなぎ》第一・畑薙第二の各水力発電所で用いる資材である。

車両の形式は黒部峡谷鉄道がワ形、大井川鐵道がCワフ0形だ。いずれも、箱形の車体をもち、貨物の積み卸しのために側面に引戸を備える。

有蓋車の車内を見ると、天井、側面、妻面《つまめん》、床面に木材が張られている点が特徴だ。これは貨車が古いからではなく、保温性を高めるための工夫だ。床面の木材は貨物を固定するためのフックを打ち込む際にも役立つ。

有蓋車は箱形の車体をもつ。写真はJR貨物のワム80000形有蓋車で、いまはすべて姿を消してしまった(撮影:梅原 淳)

さて、貨物列車には用いられていないものの、せっかく存在するのだから、上信《じょうしん》電鉄が保有している鉄側有蓋車と秩父鉄道が保有している鉄製有蓋車についても紹介しよう。

両者は「鉄」と付いているので、通常の有蓋車には鉄が用いられていないのではと思われる方もいるだろうが、実を言うとそのような有蓋車は1両もない。「鉄」とは、先ほど登場した車内の木材の使用具合で区別される。木材が天井と床とに張られているのが鉄側有蓋車、全く張られていないのが鉄製有蓋車だ。

鉄側、鉄製と2種類の有蓋車は一見よく似ている。だが成り立ちは全く違う。鉄側有蓋車とは、1926（大正15）年に鉄道省が製造したワテ4500形が元祖だ。それまでの木造の有蓋車とは異なり、屋根と床を除いて車体が初めて鋼鉄製となった貨車で、従来の有蓋車と共通に使用された。

ところが、実際に使用してみると、従来の木製の有蓋車と比べて保温性が悪く、食料品の輸送には適さなかった。そこで、有蓋車と区別するため、新たに設定した「鉄側有蓋車」というグループに分類されたのである。

いっぽう、鉄製有蓋車は最初から有蓋車とは異なる車種としてつくられた。この貨車が運ぶものは生石灰《せいせっかい》である。水に濡れると発熱するという特徴をもつため、屋根付きの貨車で運ばなくてはならない。しかし、内張板《うちばりいた》をもつ有蓋車で運ぶと生石灰が万一熱を帯びた場合に火災の危険があるため、貨車全体を鋼鉄製として難燃《なんねん》性を高めた鉄製有蓋車が用意されたのだ。

いま見られる貨車③

屋根のない荷台をもつ無蓋車

屋根のない貨車を「無蓋車」という。有蓋車から単に屋根を取り去った無蓋車のほか、石炭車、長物車《ながものしゃ》、大物車《おおものしゃ》が含まれる。言葉本来の意味で言うと、コンテナ車も無蓋車の仲間であり、実際にＪＩＳ（日本工業規格）でもそのように定義されているが、両数が増えたため、国土交通省は「コンテナ車」という独立した区分を設けた。

無蓋車の小区分である無蓋車と石炭車、長物車、大物車との相違点は、屋根が設けられていない貨車である点以外に何か特徴をもっているかどうかである。特徴がなければ無蓋車、あればそれ以外の貨車だ。

「荷台」という意味をもつトラックから「ト」という構造用途記号が付けられた無蓋車は、その名のとおり、荷台に車輪を設けたつくりをもつ。通常、車体の側面には「あおり戸」といって、下に向かって開ける開戸《ひらきど》が装着されている。貨物の積み卸しはフォークリフトはもちろん、ベルトコンベアや人力、車両ごと傾けても行う。

いま、無蓋車を用いて貨物輸送を行っている鉄道会社はJR貨物、黒部峡谷鉄道、大井川鐵道の3社だけである。JR貨物は鋼材を、黒部峡谷鉄道は木材や砂利《じゃり》を、大井川鐵道は有蓋車同様、中部電力の資材をそれぞれ運ぶ。

興味深いことに、雨に濡れてもかまわない貨物を運ぶとはいうものの、実際にはビニールシートなどのカバーを貨物に覆《おお》って使用する機会が多い。

となると有蓋車で輸送すればよいのではと考えたくなるが、そこまでの必要はなく、屋根がない分だけ積み卸しの手間が省けると考えているようだ。

JR貨物のトキ25000形無蓋車。亜鉛精鉱を専用に運ぶ（撮影：梅原 淳）

いま見られる貨車❹
液体や粉体を運ぶタンク車

液体や粉体《ふんたい》などを運ぶためのタンクを備えた貨車を「タンク車」という。タンク車はとてもわかりやすい形をしている。大まかに言うと、円筒形、あるいは円筒形と直円錐形《ちょくえんすいけい》または斜《しゃ》円錐形とを組み合わせたタンクが横に置かれ、その下に車体の土台となる台枠《だいわく》、さらにその下に走行装置の台車が装着された車両であるというものだ。

現在、貨物運送事業に用いられているタンク車を所有しているのはJR貨物だけである。JR貨物が貨車に関するデータを公表しなくなったので、少々情報が古いものの、同社に在籍するタンク車の種類は**表5**（72・73ページ参照）のとおり、とても多い。これらはすべて「私有《しゆう》貨車」と呼ばれ、実際の所有者は別に存在し、運転をはじめ、検査や修繕《しゅうぜん》についてもJR貨物に委託する形式を採用した貨車だ。

今日、タンク車が搭載する貨物は、液体では石油類またはガソリン、粉体では石炭を燃やした灰を指す石炭灰《せきたんばい》（フライアッシュ）、炭酸カルシウム、セメント、亜鉛《あえん》焼鉱《しょうこう》である。これらのうち、液体を搭載するタンク車のタンクの仕様はJISによって1種または2種に規定されている。

ＪＩＳ1種のタンク車とは、可燃性の液体であり、なおかつ揮発《きはつ》性の低い液体を搭載するものだ。積載する貨物の例としてガソリンを除く石油類、生ゴムの原料となるラテックス、液体肥料、アスファルトなどを挙げている。今日、対象となるタンク車は石油類を搭載するものだけだ。いっぽう、ＪＩＳ2種のタンク車とは引火性が強く、揮発性の高い液体を搭載するものを指す。今日のタンク車が輸送するものとして該当するものはガソリンである。

ＪＩＳはタンク以外の仕様も細かく定めている。興味深いのは、台枠、そして走行装置だ。

台枠は4種類のなかから選ぶことになっていて、そのうちの2種類はコンテナ車や長物車と似たような形をしている。しかし、残る2種類は独特で、車体の幅いっぱいに設けられた台枠はどちらも台車の上の部分にしかないという特徴をもつ。

これらのうち、1つは車体の長手（長方形の距離の長いほう）方向に細い「中ばり」が通っており、もう1つは前後の台車の間に台枠自体が存在しない。要するに、タンク自体が台枠の役割を果たして

主な所有者
日本石油輸送
宇部興産セメントサービス
太平洋セメント
日本石油輸送
太平洋セメント
東邦亜鉛
日本石油輸送
日本石油輸送
日本石油輸送
日本石油輸送
日本オイルターミナル

表5　JR貨物のタンク車(2009年3月31日現在)

形式名	両数	荷重(トン)	積載物	液体、粉体の別	法規、種類
タキ1000	881	45.0	ガソリン	液体	JIS2種
タキ1100	24	37.0	石炭灰、炭酸カルシウム	粉体	なし
タキ1900	222	40.0	セメント	粉体	なし
タキ11000	12	35.0	石油類	液体	JIS1種
タキ12200	23	40.0	セメント	粉体	なし
タキ15600	20	40.0	亜鉛焼鉱	粉体	なし
タキ35000	90	35.0	ガソリン	液体	JIS2種
タキ38000	135	36.0	ガソリン	液体	JIS2種
タキ40000	72	40.0	ガソリン	液体	JIS2種
タキ43000	658	43.0	ガソリン	液体	JIS2種
タキ44000	112	43.0	石油類	液体	JIS1種
合計	2249				

注：一部に資料から主な所有者が判別できないケースがあり、実際の車両の標記から判断した
出典：『平成20年度鉄道統計年報』(国土交通省鉄道局監修、電気車研究会、2010年12月)、『JR全車輌ハンドブック2009』(ネコ・パブリッシング、2009年8月)、『プロフェッサー吉岡の私有貨車図鑑(復刻増補)』(吉岡心平、ネコ・パブリッシング、2008年1月)

JR貨物のタキ1000形タンク車。ガソリン専用で、写真のとおりタンク自体が台枠を兼ねている(撮影:梅原 淳)

いるのだ。この場合は「タンクを載せた貨車」ではなく、「タンクという車体をもつ貨車」であると言えるだろう。

いっぽう、走行装置は二軸台車（2本の車軸をもつ台車）または三軸台車（3本の車軸をもつ台車）を用いることとされ、曲線半径が80メートルの線路を支障なく通過できなければならないと定められている。台車と限定されているのだから、一部の貨車に見られる二軸車は認められていない。二軸車の走行安定性は台車を用いた車両と比べて劣るので、危険物を搭載するタンク車については万全を期したのだ。

いま見られる貨車❺——荷台の底や側面下部が開くホッパ車

粉体や粒体《りゅうたい》をばら積みで輸送し、ホッパと呼ばれる荷台の底または側面下部をそれぞれ開いて貨物を卸す構造をもつ貨車を「ホッパ車」という。

貯蔵槽とも訳されるホッパを備えた貨車は不思議な存在である。屋根をもつものともたないものとがあり、いままで取り上げてきた貨車の分類法が通用しない。これは運んでいる積み荷が雨に濡れてもよいか、あるいはそうでないかの違いからだ。

貨物運送事業にホッパ車を用いている鉄道会社はJR貨物、岩手開発鉄道、秩父鉄道の3社である。積載する貨物は石灰石《せっかいせき》、セメントの2品目が主流で、JR貨物はほかに石灰石の原料となる炭酸カルシウム、燃焼された石炭から生じた石炭灰も輸送する。

セメントや炭酸カルシウム、石炭灰を輸送するホッパ車は屋根付きだ。このようなホッパ車はJR貨物しか所有していない。セメントはホキ5700形、炭酸カルシウムと石炭灰はホキ1000形によってそれぞれ運ばれる。

いっぽう、石灰石を運ぶホッパ車には屋根がない。こちらはJR貨物、岩手開発鉄道、秩父鉄道の3社で見ることができる。石灰石を輸送しているのはJR貨物のホキ2000形、ホキ9500形、岩手開発鉄道のホキ100形、秩父鉄道のヲキ100形とヲキフ

JR貨物のホキ10000形ホッパ車。写真に見える「太平洋セメント」とは貨車を所有する企業名であり、このような貨車を私有貨車という(撮影:結解 学)

100形だ。

さて、ホッパ車は貨物運送事業を実施していない鉄道会社各社も結構多く保有している。これらのホッパ車によって最も盛んに運ばれているものは、鉄道会社自らが使用するバラストである。バラストとは、レールとまくらぎとをはしご状に組み立てた軌框《ききょう》を支える道床《どうしょう》に用いるもの。砕石《さいせき》やふるいにかけた砂利が代表的だ。バラストは重い車両が繰り返し通過することによって摩耗《まもう》していくから、定期的な交換が欠かせない。このため、ホッパ車を用意してバラストを輸送しているのだ。

いま見られる貨車❻

鉄道用レールや鋼材を運ぶ長物車

無蓋車のなかで木材やレール、鋼材など長い貨物を輸送する貨車を「長物車《ながものしゃ》」という。コンテナ車のように、車両の基礎部分である台枠がそのまま走っているかのように見える点が特徴だ。というよりも現在見られる長物車の多くがコンテナ車から改造されている。ただし、走行中に貨物が落ちないよう、ところどころに柱が立てられている。

貨物運送事業を行っている鉄道事業者で長物車を保有しているのは、JR貨物と黒部峡谷鉄道との2社だけ。JR貨物はレールを、黒部峡谷鉄道は鋼材をそれぞれ運ぶ。

レールの長さは25メートル、50メートル、150メートルの定尺《じょうじゃく》レール、そして長さ200メートルのロングレールというのが一般的だ。長物車はいま挙げた4種類のレールを運ぶ。となると、長物車の長さも200メートルあるのかと思われるのだが、長物車1両の長さは20メートル程度にすぎない。これでは25メートルの定尺レールも運べないのではと勘ぐりたくなってしまう。

実際には1本のレールを2両から数両単位で輸送しており、車両と車両とを連結している部分、つまり通常であれば旅客も貨物も載せない場所にもレールを架け渡して運んでいる。曲線や勾配に差し

JR貨物のチキ5500形長物車。車体に設置された棚状の器具にレールを搭載する(撮影:梅原 淳)

かかったらと心配になるが、レールは上下左右に適度にたわむため、特に問題は起こらない。そもそも、鉄道の線路で現れるカーブや勾配は一般に思われているほど急なものではないから大丈夫だ。

いま見られる貨車⑦ —— 特大貨物を安全に運ぶ大物車

質量や外形寸法が著しく大きな貨物を運ぶ貨車を「大物車《おおものしゃ》」という。長物車と同じく無蓋車の仲間で、屋根付きの大物車は存在しない。

大物車によって輸送されるものはかつてはさまざまであったが、いまはほぼ電力会社が発電所で用いる機器、特に変圧器である。これまで紹介した貨車のなかには率直に言って区別をつけづらいものもあった。たとえば、コンテナ車と長物車とではどれもよく似ている。しかし、大物車は他の貨車とは構造が明らかに異なっていて、鉄道に興味のない人でもすぐにわかるほどの特徴をもつ。

現存する大物車のうち、JR貨物のシキ610形は重さ240トンと、最大の質量の貨物を輸送することができる。シキ610形は巨大な梁《はり》をもち、その梁に引っかけられた貨物をはさむようにして運ぶ。このような運び方を「つりかけ式」という。

　ところで、ＪＲの在来線の線路はあまりに巨大な重さに耐えられず、車軸１軸当たりの質量を指す「軸《じく》重《じゅう》」は16トンが限界だ。シキ６１０形の場合、荷重だけで２４０トン、貨車自体の質量は94・８トンと合わせて３３４・８トンもあるので、通常の車両のように前後に２軸ずつの台車を１基ずつ２基装着していたら軸重は83・７トンにもなってとても走行できない。

　シキ６１０形は３軸の台車を前後に４基ずつ装着し、合わせて24軸とすることで軸重を13・９５トンに収めている。言うまでもなく、通常の車両の構造で24軸も設置していたら

JR貨物の大物車であるシキ610形。写真は空荷の状態で、貨物を積載する際にはシキ610形の中央にある大きな梁が２つに分かれ、貨物が両端の梁にはさまれて、つり下げられる。なお、写真左はJR貨物のEF65形直流電気機関車で、塗装は寝台特急列車に合わせた国鉄時代のもの、写真右は添乗者用に連結されたJR貨物のヨ8000形車掌車だ
（撮影:結解 学）

カーブを曲がることができない。

そこで、3軸の台車2基を1組として前後に2台ずつ、計4台の土台をつくり、2台の土台の上にさらに土台を載せ、2段目の土台の上に巨大な梁を設置するという構造を採用した。真横からであると、いわゆるトーナメント表のように見える。3社の大物車を所有しているのはJR貨物、黒部峡谷鉄道、大井川鐵道の3社だ。3社の大物車ともすべて貨物輸送に従事しており、主に変圧器を運んでいる。

いま見られる貨車⑧ ——車掌が乗務する車掌車

元は貨物を運ぶ目的で製造されたにもかかわらず、貨物輸送の変化により、貨物を載せなくなった貨車は多い。鉄道事業者自らが使用する資材を運ぶホッパ車や長物車、それに無蓋車から改造されたトロッコ車両のように旅客を乗せる貨車だ。

さまざまな貨車のなかで、設計の時点から貨物を載せない目的で製造された貨車が存在する。車掌車だ。

車掌車とはその名のとおり、車掌が乗務するための設備を備えた貨車を指す。車体は有蓋車に似ているが、車両の端には「デッキ」とも呼ばれる出入台《でいりだい》をもち、側面には窓が取り付けられている。車内には非常時に自動空気ブレーキ装置を作動させるための車掌弁、それに椅子や机、石炭または石油ストーブなどが備えられ、長時間の乗務にも対処できるようトイレも設置された。

今日、全国の貨物列車で車掌が乗務する列車は存在せず、すべて運転士だけのワンマン運転となり、現存する車掌車は別の目的で使用されている。その目的とは添乗《てんじょう》者《しゃ》を乗せることだ。大物車によって巨大な貨物を輸送する際、貨物の状態を監視したいと希望する荷主が多く、適当な貨車を探した結果、車掌車が用いられることとなったのである。

往年の車掌車は貨物列車の最後尾に連結され、走行中は列車の後方を監視していた。しかし、JR貨物の前身の国鉄は1986

貨物を運ばない貨車であるJR貨物の
ヨ8000形車掌車（2両とも）（撮影：梅原 淳）

（昭和61）年10月31日限りで貨物列車の車掌を原則として廃止としてしまう。列車防護装置といった保安装置が整備されたこともあり、合理化の推進を図るために機関車の運転士だけのワンマン運転に改めたのだ。

なお、車掌車を貨車と当たり前のように記したものの、JR貨物は貨車とは扱っていない。国が定めた「貨物車　その他」という項目に分類しており、２０１９年3月31日現在で26両が在籍している。

貨車は、だれが所有しているのか

貨物を運ぶ貨車であろうが、そうでなくとも、鉄道の車両である限り、貨車についての責任は鉄道事業者が負《お》う。具体的には、国が定めた基準に則って貨車を製造し、完成すれば国に対して確認申請を行う。そして、線路の上を走らせるには日常的な検査に始まり、法規で定められた定期検査を実施するという内容だ。本書で紹介した貨車はすべていま挙げた手続きに従って使用されている。

法規上の手続きとは別に、実際の貨車の所有者は荷主で、貨物列車に組み込んで使用したり、検査を行うに当たっては荷主から鉄道事業者に委託されている貨車が存在する。このような貨車を「私有《しゆう》貨車」という。

本来、貨物運送事業を行う鉄道事業者は、荷主が輸送を希望する貨物に即した貨車を取りそろえておく必要がある。しかし、貨物の品目が特殊であるために鉄道事業者が用意した貨車では運べないケースも多い。そこで、荷主側で専用の貨車を持ち込んで鉄道事業者に貨物を運んでもらうという仕組みが生まれた。

私有貨車の代表的な存在はタンク車だ。ＪＲ貨物が２０１９（平成31）年３月31日現在で保有している１８９５両はすべて私有貨車である。ついでに言うと３３８両のホッパ車もやはり皆、私有貨車だ。

こうした貨車をＪＲ貨物が取りそろえておいても、輸送需要が常にあるとは限らないし、逆にあり過ぎて貨車が足りないといった無駄も生じる。一定の輸送量を希望する荷主に貨車を用意してもらうということは、理にかなっていると言えるであろう。

ＪＲ貨物での例を見ると、私有貨車は荷主にとってメリットが多い。貨車の製造費用さえ支払えば、後はほとんど費用を要さないからだ。たとえば、検査費用はもちろん、使用している間に生じた不具合を修繕するための費用もJR貨物が負担し、荷主は支払わなくてよい。さらに、私有貨車を用いた場合は貨物の運賃も15パーセントまたは20パーセント割引となる。

何とも大盤振《おおばんぶ》る舞《ま》いだが、それだけ貨車の製造費用が高額に上るのでJR貨物は負担したくないのであろう。国の統計によると、2018年度に製造された国内向けの貨車は6両で、金額は3億1977万円であった。1両当たりの金額は5033万円である。言い換えれば、一度5033万円を拠出《きょしゅつ》して貨車をつくってしまえば、後は荷主にとって車両にまつわる費用は不要だ。

ただし、いつまでも使用したくなるのは人情ながら、あまりに古くても困るので、製造から30年以上が経過した私有貨車については検査費用の一部を荷主が負担するという規則が設けられた。

鉄道コンテナには、どのような種類があるか

コンテナとは単に貨物を入れる容器ではなく、もう1つの車両であると言ってよい。コンテナのおかげで、ただの無蓋車からコンテナ車へと姿が変わる。それどころか、コンテナにはさまざまな種類のものがあるから、コンテナ車を有蓋車やタンク車といった貨車にも変身させることができるのだ。

鉄道で運ばれることを主眼としてつくられたコンテナを「鉄道コンテナ」という。鉄道コンテナは86ページの**表6**にまとめたとおり、2021（令和3）年1月の時

点で8万365個ある。

種類についても触れておこう。まずはコンテナをコンテナ車に載せた際、側面から見たときの長さを示す○○フィート級という数値の意味だ。12フィート級とは長さ3・6メートル前後のもの、20フィート級とは長さ6メートル前後のもの、30または31フィート級とは長さ9・2メートル前後のものをそれぞれ指す。

続いてはコンテナの用途だ。有蓋、無蓋、タンク、ホッパの各コンテナは有蓋車、無蓋車、タンク車、ホッパ車の各貨車に相当するので説明はよいであろう。

通風《つうふう》コンテナとは側面や妻面に通風口を設けて通気性を確保したコンテナを指す。通風口の内側にはシャッターが設けられており、閉めれば有蓋コンテナと同じように使用できる。野菜や果物を運ぶ際に鮮度を保てるようにと考えられた。

冷蔵コンテナは、壁や天井に断熱材を張り付けて外部からの熱が内部に入りにくくなるように工夫されたコンテナである。家庭でも用いられている冷蔵庫とは異なり、内部は電源などを用いて冷やされてはいない。鮮魚などの輸送に用いられるが、特に夏場には内部が高温になりやすいので、ドライアイスも一緒に入れて輸送する。

冷凍コンテナとは、冷却装置を備え、内部の温度を0度以下に保冷できるコンテナを指す。内部を冷却するための装置には電源が欠かせない。電力は機関車から供

表6　コンテナの種類と個数(単位:個)

	12フィート級			20フィート級		
	JRコンテナ	私有コンテナ	計	JRコンテナ	私有コンテナ	計
有蓋コンテナ	49,244	268	49,512	384	1,180	1,564
冷蔵コンテナ	0	7,065	7,065	0	8	8
冷凍コンテナ	0	290	290	0	9	9
通風コンテナ	12,464	527	12,991	0	43	43
無蓋コンテナ	0	1,285	1,285	0	1,719	1,719
タンクコンテナ	0	302	302	0	1,441	1,441
ホッパコンテナ	0	13	13	0	411	411
電源コンテナ	0	24	24	0	0	0
その他						
計	61,708	9,774	71,482	384	4,811	5,195
	30・31フィート級			コンテナ計		
	JRコンテナ	私有コンテナ	計	JRコンテナ	私有コンテナ	計
有蓋コンテナ	140	2,485	2,625	49,768	3,933	53,701
冷蔵コンテナ	0	41	41	0	7,114	7,114
冷凍コンテナ	0	296	296	0	595	595
通風コンテナ	0	638	638	12,464	1,208	13,672
無蓋コンテナ	0	36	36	0	3,040	3,040
タンクコンテナ	0	76	76	0	1,819	1,819
ホッパコンテナ	0	0	0	0	424	424
電源コンテナ	0	0	0	0	24	24
その他				303		
計	140	3,572	3,712	62,535	18,157	80,365

注:JRコンテナは2021年1月5日現在、私有コンテナは2020年4月1日現在。JRコンテナ「その他」の長さは不詳
出典:『2021JR貨物時刻表』(社団法人鉄道貨物協会、2021年3月)

給されるのではなく、冷凍コンテナ自体に搭載したディーゼル発電機か、12フィート級で24個存在する電源コンテナによってまかなわれる。

表6を見て気づくとおり、鉄道コンテナにはＪＲ貨物が所有する「ＪＲコンテナ」と、荷主や運送業者が所有する「私有コンテナ」とに分類可能だ。ＪＲコンテナは大多数の荷主のニーズにこたえられるものが取りそろえられている。このため、貨物を積載して目的地に到着したら、他の荷主の貨物を積んで元の場所

貨物列車で運ばれるコンテナとしては最も一般的な12フィート級のJRコンテナ。写真の19D形有蓋コンテナをJR貨物は2021年1月5日現在で2万7765個保有しており、JRコンテナのなかでも最も多い

撮影：2点とも梅原 淳

JR貨物のコキ106形コンテナ車に2基の31フィート級JRコンテナを搭載したところ。写真左はUF46A形冷凍コンテナで、前面に見えているのはディーゼル発電機をはじめとする冷凍ユニットだ。写真右は表記が消されているのでわかりづらいが、U52A形有蓋コンテナと思われる。どちらも私有コンテナだ

日本石油輸送（JOT）が保有する20フィート級の海上コンテナ。有蓋コンテナのように見えるが、実際はホッパコンテナである（撮影：梅原 淳）

や別の目的地を目指すといった使い方が標準的だ。

　これに対し、私有コンテナは特殊なニーズに対応するために用意された。多くの場合、輸送される区間がほぼ決まっており、目的地に着いたら空のまま元の場所に戻されるものも多い。

　JR貨物は12フィート級のコンテナを長さ3・715メートル以内、幅2・45メートル以内、高さ2・5メートル以内、貨物を含めた総重量を6・8トン以内と定めている。この寸法いっぱいに有蓋コンテナをつくると、容積は最大で19立方メートルとなり、荷重は5トンだ。

　20フィート級は長さ6・058メートル以内、幅2・49メートル以内、高さ

2・5メートル以内、総重量13・5トン以内とJR貨物は定めた。有蓋コンテナとした場合の容積はだいたい30・3立方メートル、荷重は最大で9トンとなる。

JR貨物の規定では、30フィート級は長さ9・125メートル以内、幅2・49メートル以内、高さ2・5メートル以内、総重量13・5トン以内だ。30フィート級で有蓋コンテナを製造すると、容積は最大で54立方メートル、荷重は最大で13・2トンに達する。31フィート級とは、30フィート級のコンテナの長さを9・41メートルとしたものを指す。

鉄道コンテナで注目してほしいのは扉の開き方だ。有蓋・通風コンテナの場合、「両側《りょうがわ》開き」といって両側面の扉が全面にわたって開くつくりとなっているものが多い。けれども、多数のコンテナをすき間なく並べた状態で貨物の積み卸しを行おうとすると、両側面とも他のコンテナと隣り合ってしまうときがあり、これでは扉を開けられない。そこで、妻面の扉も同様に全面にわたって開くつくりとしたコンテナが存在する。

さすが両側面に両妻面と四方がすべて開くコンテナは存在しない。強度が著しく下がるからだ。側面一面とその右側の妻面一面との側妻《がわつま》二方《にほう》開き、または両側面と妻面一面との側妻三方開きのものが見られる。31フィート級のコンテナのなかには荷役に要する時間を縮めようと、両側面の扉が天井と一緒に羽根のように上向きに一気に開くフルウィング開きのものがあり、さらに妻面一面も開くウィング片妻開きが2001（平成13）年に誕生した。

扉の開き方で興味深いのは冷凍コンテナだ。両側面の一部に扉が付いているか、妻面一面の扉しか開かないつくりのものが多い。保温性を保つためにできる限り開口部を小さくしているのだ。

ところで、コンテナ車で運ばれているコンテナは鉄道コンテナだけではない。船舶に積載される国際貨物コンテナ、通称海上コンテナも輸送される。海上コンテナにはさまざまな規格があるなか、コンテナ車には20フィート級または40フィート級のものが載せられる。

これらの規格として代表的なものを挙げると、20フィート級コンテナは「1C」という長さ6・058メートル、幅2・438メートル、高さ2・438メートル、総重量24トン以内のもの、40フィート級コンテナは「1A」という長さ12・192メートル、幅2・438メートル、高さ2・438メートル、総重量30・48トンのものだ。有蓋コンテナが多いのだが、無蓋コンテナや冷凍コンテナなどもある。

鉄道コンテナと海上コンテナとの相違点は多い。なかでもコンテナ車への固定方法は全く違う。

前者は「半自動式・中央緊締《きんてい》方式」といって、コンテナ下部の側面中央に1カ所ずつ、合わせて2カ所設けられた固定金具がコンテナ車の固定装置と接続されることで固定される。半自動式というのは積載時には自動的にロックされ、卸す際には手動で解放する必要があることから名付けられた。

後者は、コンテナ下部の四隅《よすみ》に設けられた穴にコンテナ車に設けられた突起を差し込む。差し込むと同時に突起は自動的に90度回転し、コンテナを固定してしまう。卸すときはやはり手動で突起を回転させて解放する。このような方式をツイストロックという。

言うまでもなく、コンテナ車は積載するコンテナに対応した固定装置を装備している。いまのところ、すべての鉄道コンテナ、そして20フィート級または40フィート級の海上コンテナを搭載できるコンテナ車はJR貨物のコキ106・107・110形の3形式だ。

3章 貨物列車を探究する

●多彩な輸送パターンで全国を駆ける！

旅客列車とは大きく異なる「貨物列車の旅」

全国の鉄道事業者が2018（平成30）年度に輸送した貨物の総量は4227万トンであった。内訳は、2901万トンがJR貨物、残る1326万トンが民鉄である。貨物のうち、コンテナに詰められて運ばれたものは2300万トン、貨車に直接搭載されて運ばれたものは1926万トンだ。

貨物輸送とは、貨物を発送する荷送人《におくりにん》から発送された貨物を、貨物の受け取り先である荷受人《にうけにん》のもとへと届けるまでの一連の流れを指す。鉄道事業者が受けもつ部分は多くの場合、これらのうちの一部にすぎない。理由の1つとして挙げておきたいのは、荷送人や荷受人のいる場所にまで線路が敷設《ふせつ》されているケースはごく少ないからだ。たいていは荷送人のもとからトラックで駅まで運び、貨物列車で輸送した後、駅に到着したら再びトラックで荷受人のもとへと運ばれる。

さまざまな交通機関を利用して運ばれるのも貨物の特徴だ。たとえば、輸出や輸入を伴う場合はトラックだけでなく、航空機や船舶も使用される。要するに貨物が貨物列車で運ばれるといっても、鉄道を利用する距離や時間が最も長いとは限らないのだ。

いま述べた点は旅客輸送になぞらえると理解しやすいであろう。旅客列車に乗るには駅に行く。その際、徒歩、自転車、自家用車、バス、タクシーなどとにかく何らかの手段を利用しなければならない。自宅に列車が発着するという人など全くいないとは言わないが、ほぼ皆無《かいむ》だ。駅に着いてからも同様で、いま挙げた何らかの手段で目的地に向かわなくてはならない。

鉄道での輸送について言うと、旅客と貨物との相違点は駅で見られる。旅客は駅に入って改札口を通過して列車の発着するプラットホームに到達するまで、または その反対にプラットホームから改札口を通って駅を出るまで、基本的に自ら歩いて赴《おもむ》く。これは通勤、通学のために利用している人であっても、グリーン車や近年よく見られるようになった豪華寝台列車の利用者であっても変わらない。

いっぽうで、貨物は自らの力で列車に乗り降りすることはできないので、人や機械の手を借りる必要がある。この列車への積み卸しを「荷役《にやく》」と呼ぶ。コンテナであればフォークリフトなどを使用し、石油であれば駅まで引き込んだ貯蔵タンクからホースを延ばして載せる。とにかく、荷役について考えておかなければ、貨物列車は1本も運転できないというほど重要な作業である。

貨物列車の形態❶―――現代の主流はコンテナ列車

すでに紹介したように、コンテナ車を用いてコンテナを輸送する貨物列車を「コンテナ列車」という。JR貨物は2021（令和3）年3月13日に実施したダイヤ改正で、1日338本のコンテナ列車を走らせている。これらのコンテナ列車の一部は、JR貨物の関連会社である全国の臨海鉄道にも乗り入れていく。JR貨物で運転されているコンテナ列車以外の貨物列車は1日68本にすぎないので、まさに現代の貨物列車の主役であると言ってよい。

貨物列車のなかで最も一般的な存在であるだけに、鉄道愛好家たちからのコンテナ列車の評判はいまひとつだ。いわく「コンテナ列車ばかりで味気ない」「昔はいろいろな貨車を連結していて面白かった」――。

かつての貨物列車が「いろいろな貨車を連結していた」ころ、貨物列車が好きという人など皆無とは言わないが、ほとんど存在しなかった。いるとすれば、貨物列車を牽引する機関車が好きであったからであり、別に貨物列車でなくてもよかったのである。

むしろ、当たり前の存在でいるときには鉄道愛好家には見向きもされず、廃止が近づくと一大ブームとなったものは挙げればきりがない。国鉄時代からの車両しかり、寝台列車しかり、蒸気機関車しかりである。コンテナ列車も姿を消すとなれば、必ずや騒ぎとなることは間違いない。もっともそうなったときに国内の鉄道による貨物輸送は絶滅するのであろう。

余談はさておき、コンテナ列車には大きな特徴が2点挙げられる。1つは輸送されるコンテナの平均距離が極めて長いという点、もう1つはコンテナの中身が何であるのかをまとめた統計が存在しないという点だ。

コンテナの平均輸送距離は、コンテナの輸送量に輸送距離を乗じた「輸送トンキロ」をコンテナの輸送量である「輸送トン」で割ればよい。2018年度の統計ではコンテナ1トン当たりの平均輸送距離はJR貨物が871・8キロメートル、民鉄が8・9キロメートルで、総合すると767・4キロメートルであった。

767・4キロメートルとは、東京駅から在来線の東海道線を下り、山陽線に入って岡山県浅口《あさくち》市の金光《こんこう》駅と鴨方《かもがた》駅との間までに達するという距離だ。ちなみに、コンテナ以外の貨物の平均輸送距離はぐっと短くなって77・3キロメートル、旅客に至っては17・5キロメートルにすぎない。いかにコンテナが長い距離にわたって運ばれているかが理解できるだろう。

もう1つの特徴は国土交通省の『貨物地域流動調査』という統計を見ると一目《いちもく》瞭然《りょうぜん》だ。この統計では「2018年度に鉄道によって2901万トンの貨物が輸送された」とある。ところが、内訳を見ると、そのうち実に69・7パーセントに相当する2022万トンが「コンテナ」に分類されており、何が運ばれたのかは具体的にはわからない。理由は簡単で、有蓋コンテナに詰められた貨物が何であるかを鉄道事業者は把握していないからである。

貨物列車の形態❷——貨車を1両単位で貸し切る車扱列車

現代の日本において、コンテナ列車以外の貨物列車とは「車扱《しゃあつかい》列車」を指す。「車扱」という言葉は、貨車をまるまる1両貸し切ったという意味で、「貸切車扱い」

を縮めた言い方だ。鉄道業界はこのように頭の文字を省く言い方をよく行う。有名なものは新幹線から「新」を省いた「幹線」だ。主要な路線であるのか、それとも新幹線であるのかはよく注意しないと間違えがちだ。

それはさておき、車扱列車とは一定の期間に一定の量の輸送需要が存在するときに運転される貨物列車である。これに対し、コンテナ列車とは貨物を運びたいときに運送を手配できる貨物列車だ。

現代の車扱列車は貨車どころか、貨車を連ねて貨物列車として仕立てた全体が貸切扱いとなるケースが大多数を占める。荷主によって石油や石灰石などを一度に大量に、しかもほぼ毎日にわたって運んでほしいという要望に沿うために運転されているのだ。

車扱列車が２０１８（平成30）年度に輸送した貨物の総量は１９２６万トンであった。輸送した品目別の統計では、貨物の総量はもう少し増えて１９４２万トンとなる。このうち、最も多く運ばれたものは石油製品で８８８万トンと45・７パーセントを占めた。お察しのとおり、石油製品はタンク車で運ばれている。

次いで多かったのは石灰石で６２１万トンと32パーセントを占めた。こちらはホッパ車で輸送されていることはおわかりであろう。３番目はセメントで輸送量は１

51万トンとぐっと少なくなり、比率も7・8パーセントにすぎない。4番目は93万トンの機械で比率は4・8パーセント、5番目は37万トンの石炭で比率は1・9パーセント、6番目は石油製品、石炭製品、化学薬品、化学肥料以外の化学工業品で33万トン、比率は1・7パーセントである。ほかにも輸送されたものはあるが、比率は小さく、文字どおり細々と輸送されていると言ってよい。

さて、車扱列車によって運ばれた1926万トンという輸送量は、同年度に鉄道で輸送された貨物の総量である4227万トンに対して45・6パーセントを占めており案外多い。前項で2021年3月13日に実施されたダイヤ改正でJR貨物のコンテナ列車の本数は338本であるのに対し、車扱列車は68本だと説明した。JR貨物ではかように少数派であるにもかかわらず、車扱列車による輸送量が多いのはなぜかが気になるであろう。もう少々詳しく検証していきたい。

厳密な比較を試みるために2018年度のJR貨物における貨物の輸送トン数、そして貨物列車の本数を示しておこう。コンテナ列車による輸送トン数は2022万トンで本数は361本であったいっぽうで、車扱列車による輸送トン数は879万トンで本数は65本であった。つまり、JR貨物に限って言えば、貨物列車全体に占める車扱列車による貨物の輸送量は30・3パーセント、本数は15・6パーセントにすぎない。

ところで、2018年度のJR貨物のコンテナ列車1本が1日に輸送した貨物の平均トン数は158トンとなる。他方、車扱列車1本が1日に輸送した貨物の平均トン数は370トンとコンテナ列車を上回っているのだ。逆に言うと、貨物列車1本当たりの輸送トン数がよほど多くないと車扱列車は成り立たないともいえ、輸送効率を示す積載率についてはシビアとなる。

数字が続いて恐縮ながら、JR貨物が貨物を輸送することによって挙げた2018年度の貨物運輸収入は1136億円であった。うち91・2パーセントにも達する1036億円はコンテナ列車から挙げられ、車扱列車からはわずか8・9パーセントの101億円にすぎない。

こうした数値が何を意味するかというと、車扱列車は輸送量の割には貨物運輸収入が少なく、輸送効率の高さによってカバーしてきたと言えるが、いざ情勢の変化で輸送需要が減ってしまうとたちまち廃止に追い込まれるということだ。

この点からも少しでも積載率が悪化したら、列車を間引かなければならないことがよくわかる。場合によっては輸送量が多くても車扱列車が廃止となるケースすら起こり得るのだ。

貨物列車の形態③——近年、急速に数を増やすブロックトレイン

コンテナ列車に搭載《とうさい》されるコンテナは、それぞれ荷送人であるとか荷送人から貨物の輸送を託された物流業者などが違う。ところが、コンテナ列車のなかには特定の物流業者などが列車をまるごと、または車両単位で貸し切られた列車が存在する。

1章で紹介した貨物電車のM250系によって運転される「スーパーレールカーゴ」(43ページ参照)には佐川急便のコンテナしか搭載されない。この列車はコンテナ列車とは呼ばれるものの、事実上は同社の車扱列車なのだ。

いわば「車扱のコンテナ列車」は2010年代に入って急速に増

終着駅	編成両数	輸送されるコンテナの種類、個数
安治川口 東京貨物ターミナル	16両編成	31フィート級コンテナ28個
東京貨物ターミナル 吹田貨物ターミナル	20両編成	31フィート級コンテナ40個
東福山 東京貨物ターミナル	20両編成	31フィート級コンテナ40個
福岡貨物ターミナル 東福山	20両編成 (うち15両を貸切)	31フィート級コンテナ30個
盛岡貨物ターミナル 安治川口	20両編成	31フィート級コンテナ40個
名古屋南貨物 盛岡貨物ターミナル 名古屋南貨物 盛岡貨物ターミナル	20両編成	31フィート級コンテナ40個
吹田貨物ターミナル 仙台港	20両編成 (うち15両を貸切)	31フィート級コンテナ30個
安治川口 東京貨物ターミナル	26両編成 (うち10両を貸切)	31フィートコンテナ20個
福岡貨物ターミナル 名古屋貨物ターミナル	24両編成 (うち16両を貸切)	31フィート級コンテナ22個、 20フィート級コンテナ10個
東福山 東京貨物ターミナル	20両編成 (うち15両を貸切)	31フィート級コンテナ30個

表7　ブロックトレイン一覧（2021年10月5日現在）

	愛称	物流事業者	列車番号	始発駅
1	スーパーレールカーゴ	佐川急便	第51列車	東京貨物ターミナル
2			第50列車	安治川口
3	福山レールエクスプレス	福山通運	第52列車	吹田貨物ターミナル
4			第53列車	東京貨物ターミナル
5			第55列車	東京貨物ターミナル
6			第54列車	東福山
7			第57列車	名古屋貨物ターミナル
8			第56列車	東京貨物ターミナル
9			第58列車～第61列車	安治川口
10			第60列車～第59列車	盛岡貨物ターミナル
11	トヨタロングパスエクスプレス	トヨタ輸送	第4052列車～第2051列車	盛岡貨物ターミナル
12			第2050列車～第4051列車	名古屋南貨物
13			第4054列車～第2053列車	盛岡貨物ターミナル
14			第2052列車～第4053列車	名古屋南貨物
15	カンガルーライナーSS60	西濃運輸	第4058列車～第2059列車	仙台港
16			第2058列車～第4059列車	吹田貨物ターミナル
17	スーパーグリーン・シャトル列車「みどり号」	日本通運、全国通運	第2061列車～第3061列車	東京貨物ターミナル
18			第3060列車～第2060列車	安治川口
19	カンガルーライナーNF64	西濃運輸	第5051列車	名古屋貨物ターミナル
20			第5050列車	福岡貨物ターミナル
21	カンガルーライナーTF60		第5061列車	東京貨物ターミナル
22			第5060列車	東福山

注：東海道線で下り列車となる列車番号順に取り上げ、対になる列車を次行に記した
出典：JR貨物、大手物流業者各社のニュースリリース

えてきた。その背景にあるのは大手物流業者が共通して抱える悩みが挙げられる。それは、トラック運転手のなり手不足にさらされ、同時にトラックの排気ガスに含まれるCO_2（二酸化炭素）を削減する社会的使命を負うこととなったからだ。この結果、鉄道による貨物運送が見直され、コンテナ列車には大手物流業者からまとまった数の輸送需要が生じる。

　さすがと言うべきか、大手物流会社が輸送するコンテナの数は大変多い。いちいちJR貨物に対してコンテナ列車への搭載を依頼するのも手間なので、この際列車ご

とまたは車両ごと貸切扱いにしてしまえ――。こうして、コンテナ列車でありながら車扱という列車が誕生したのである。

長らくこの手のコンテナ列車を指す用語はなかったが、２０２１（令和３）年になってＪＲ貨物はブロックトレインと命名した。コンテナ列車やコンテナ車を他の物流業者などからブロックするから、またはブロックごとに利用するからというのが語源だそうで、世界共通で用いられている名称だという。

ブロックトレインは佐川急便、日本通運、全国通運、トヨタ輸送、福山通運、西濃運輸の各大手物流業者によって100・101ページの**表7**のとおり11往復22本が運転されている。愛称が付けられているのも特徴で、佐川急便が「スーパーレールカーゴ」、日本通運と全国通運とが「スーパーグリーン・シャトル列車『みどり号』」、トヨタ輸送が「トヨタロングパスエクスプレス」、福山通運が「福山レールエクスプレス」、西濃運輸が「カンガルーライナー」シリーズだ。

なお、「カンガルーライナー」の末尾には「ＳＳ60」「ＮＦ64」「ＴＦ60」という記号が付く。アルファベット部分は運転区間を示しており、始発駅、終着駅の頭文字一文字から採られている。「ＳＳ」は吹田《すいた》貨物ターミナル駅と仙台港駅とを、「ＮＦ」は名古屋貨物ターミナル駅と福岡貨物ターミナル駅とを、「ＴＦ」とは東京貨物ターミナル駅と福岡貨物ターミナル駅という意味だ。続いて数字の部分はコンテナを往復で最大何個輸送できるかを示していて、「60」の場合は片道で31フィート級コンテナ30個、往復で60個、「64」は少々ややこしく片道で31フィート級22個、20フィート級コンテナ10個の計32個を往復で64個それぞれ運んでいることに由来する。

ブロックトレインの見た目は大変よい。特に列車ごと貸し切られている列車はすべて同じタイプのコンテナでそろえられ、しかも大多数のケースでコンテナが載せられていると、整った姿をしているからだ。

西濃運輸は2021年6月からハロー

東京貨物ターミナル駅へと向かう福山通運のブロックトレイン「福山レールエクスプレス」（撮影：梅原 淳）

キティのデザインが装飾された特別仕様の31フィート級コンテナを2個導入し、「カンガルーライナーSS60」「カンガルーライナーNF64」の両系統でそれぞれ1個ずつ載せることとした。片道で30個または32個のコンテナのうちわずか1個、しかも積まれていない日も多いので、なかなか見ることはできない。同社がいうように「幸運な、希少なコンテナ」である。

貨物列車には珍しい愛称、そして大手物流事業者によるいわば「見せるコンテナ」といい、ブロックトレインは異色の貨物列車だ。今後も数が増えることを期待したい。

貨物列車の形態❹――かつての主役「貨車集結輸送方式」

鉄道の整備が始まったばかりの明治初期の貨物列車には、現代と同様に行先が同じ貨車ばかりが連結されていた。だが、鉄道網が整備されるにつれ、東海道線のような主要な幹線では線内の駅を終着とする列車のほか、他路線に乗り入れて終着となる列車も多数設定され、さまざまな行先の列車が入り乱れて運転されるようになる。

当時の幹線では大多数の区間が単線であった。このため、年々増え続ける貨物列車を整理して効率的に運転することが求められる。そこで、各地の拠点で同じ方面あるいは同じ行先となる貨車を集め、1本の貨物列車に仕立てて運転する「貨車集結輸送方式」の貨物列車が考案された。

貨車集結輸送方式の貨物列車とはどのようなものか。郵便にたとえるとわかりやすい。

市中に設けられた郵便ポストに投函《とうかん》された郵便物はそのままあて先へと届けられるのではない。いったん拠点となる郵便局に集められ、他の郵便物とともにあて先を含む地域ごとに仕分けされた後、あて先を含む地域にある拠点となる郵便局へと送られる。この郵便局で再び細かく仕分けされ、各戸に配達されるという次第だ。

貨車集結輸送方式で郵便ポストに相当するものは駅である。かつては貨物を取り扱う駅は各所に設けられていた。たとえば、品川―新宿―田端《たばた》間と東京都の都心部を結ぶJR東日本山手線では、品川、大崎、恵比寿、渋谷、原宿、代々木、新宿、目白、池袋、大塚、巣鴨、田端の各駅で貨物を取り扱っていたので、山手線の沿線の荷送人はこれらの各駅に貨物を届ければよい。貨物を預かった国有鉄道では目的地ごとに貨車に積み込む。

この貨車は決まった日時にやって来る貨物列車に連結され、首都圏の拠点となる駅などに向かう。その拠点とは東海道線方面であれば現在の東海道線新川崎駅付近にあった新鶴見操車場《しんつるみそうしゃじょう》、東北線方面であれば東北線さいたま新都心駅付近にあった大宮操車場だ。

拠点駅に集められた貨車が新鶴見操車場に向かったとしよう。ここでは多数の貨車を名古屋方面、大阪方面、中国地方方面、九州地方方面といった具合に仕分けし、何両もの貨車が集まって1本の貨物列車に整えられた時点で出発していく。

大阪方面行きの貨物列車の場合、いまの東海道線吹田貨物ターミナル駅付近にあった吹田操車場に向かい、ここで再び仕分けされる。貨車の目的地がたとえば大阪環状線の西九条《にしくじょう》駅であったとすると、大阪環状線方面行きの貨物列車に連結し直され、最終的にこの貨物列車によって到着するという次第だ。

貨車集結輸送方式による貨物列車は、大量でなおかつ行先がまちまちな貨車を目的地に送り届けるには効率的なシステムであった。その半面、拠点となる駅や操車場などで仕分けを行って貨物列車を仕立てる作業に時間がかかり過ぎるうえ、荷送人から貨物を預かった際に到着日すら確定できないという致命的な欠陥を抱えていたのである。

昭和40年代の国鉄での一例だが、貨車集結輸送方式で東京都港区の汐留《しおどめ》駅（現在は廃止）から大阪市北区の梅田駅（同）までの554・5キロメートルの区間に貨車を走らせた場合、だいたい28時間20分を要していたという。表定《ひょうてい》速度はわずか時速19・6キロメートルだ。

東海道線上を貨物列車がのろのろと進んでいたのではない。走行していた時間は13時間10分だというから、平均速度は時速42・1キロメートルと旅客列車の普通列車並みである。大量の時間は新鶴見、吹田の両操車場で費やされていた。平均して通常時には停車時間は前者が8時間、後者が7時間10分と、信じられないくらい長かったのだ。

こういった具合に全国の平均をまとめると、貨車集結輸送方式での貨物列車の表定速度は時速5〜10キロメートルだったという。鉄道以外の選択肢がない時代ならばともかく、これではほかの交通機関との競争に勝てるはずもない。

また、操車場には大量の人員を配置していたこともあり、国鉄の貨物部門の採算は年々悪化していく。国鉄は1981（昭和56）年度に、貨車集結輸送方式の貨物列車によって1900億円の収入を得たが、経費に3800億円を要していたために1900億円の赤字を計上していた。同年度の国鉄の赤字は8221億円であったから、貨車集結輸送方式の貨物列車だけで、赤字額のおよそ4分の1も占めていたのだ。

国鉄は1984（昭和59）年2月1日のダイヤ改正を機に抜本的な改革を断行する。貨車集結輸送方式の貨物列車を廃止し、直行輸送に切り替えたのだ。国鉄のように全国的なネットワークをもつ鉄道でこうした施策を実行した国は世界中を眺めても日本が初めて。それほど革命的な変化であった。

「高速貨物列車」と「専用貨物列車」との違い

鉄道貨物協会が発行している『JR貨物時刻表』を見ると、JR貨物の貨物列車の種別として「高速貨物列車」と「専用貨物列車」とが存在すると記載されている。両者の相違点は列車の最高速度だ。最高速度は高速貨物列車が時速85キロメートル以上、専用貨物列車は時速75キロメートル以下である。

百の位	十の位	一の位
0	5・6	0〜9
0	7〜9	0〜9
1〜9	5	0〜9
1〜9	6〜8	0〜9
1〜9	9	0〜9

高速貨物列車はさらにA、B、Cの3種類に細分化された。最高速度が時速100キロメートル以上ならば高速貨物列車A、最高速度が時速95キロメートルならば高速貨物列車B、最高速度が時速85キロメートルならば高速貨物列車Cだ。

表8　高速貨物列車、専用貨物列車の列車番号の付け方

	最高速度	千の位
高速貨物列車A	100km/h以上	なし・1～5(定期列車)、6・7(季節列車)
高速貨物列車B	95km/h	なし・1～5(定期列車)、6・7(季節列車)、8(臨時列車)
高速貨物列車C	85km/h	1(定期列車)、6・7(季節列車)、9(臨時列車)
専用貨物列車A	75km/h	1(定期列車)、6・7(季節列車)
専用貨物列車B	65km/h	3～5(定期列車)、6・7(季節列車)

注：定期列車とは運転時刻を設定し、年間を通じて毎日またはおおむね毎日運転する列車
季節列車とは運転時刻を設定し、必要に応じて期間または期日を定めて運転する列車
臨時列車とはあらかじめ運転時刻を設定または臨時に運転時刻を定めて必要に応じて運転する列車
出典：『2021 JR貨物時刻表』(鉄道貨物協会、2021年3月)

専用貨物列車も細分化されており、A、Bの2種類が存在する。最高速度は専用貨物列車Aが時速75キロメートル、専用貨物列車Bが時速65キロメートルだ。高速貨物列車A～C、専用貨物列車A、Bは列車番号で判別できる。列車番号の付け方は**表8**をご覧いただきたい。

さて、1990年代の半ばまで、高速貨物列車といえばコンテナ列車であった。コンテナ列車はすべて最高速度が時速85キロメートル以上であったので、コンテナ列車を仕立てるだけで自動的に高速貨物列車となったのである。

同様にかつては車扱列車といえば専用貨物列車であった。連結される貨車の最高速度は大多数が時速75キロメートルまたは時速65キロメートルで、時速85キロメートル以上というものはごくわずか。貨物列車として仕立てた場合には、最高速度の最も遅い貨車に合わせて運転する必要があり、必然的に専用貨物列車となったからである。

ところが、1990年代からコンテナ車以外の貨車の置

き換えが進んだ結果、無蓋車やタンク車、ホッパ車だけで貨物列車を仕立ててもすべての貨車の最高速度が時速85キロメートル以上という例が見られるようになった。貨物列車の最高速度が上がれば、より高速で走る旅客列車の邪魔になりづらい。この結果、車扱列車でも高速貨物列車という例が見られるようになったのだ。

車扱列車初の高速貨物列車は1996（平成8）年3月16日のダイヤ改正で登場している。根岸《ねぎし》線の根岸駅から常磐線の神立《かんだつ》駅との間を結んだ高速貨物列車Bの第2095列車、同じく根岸駅から高崎線の岡部《おかべ》駅までの間を結んだ高速貨物列車Bの第1083列車で、どちらもタンク車のタキ1000形を連ねたタンク列車であった。

貨物列車の「スピードと重量」の深い関係

JR貨物の高速貨物列車のなかで最高速度が最も速い列車は、43ページで紹介した「スーパーレールカーゴ」と呼ばれる貨物電車を用いた高速貨物列車Aの第51・50列車だ。東京貨物ターミナル駅と安治川口《あじかわぐち》駅との間を結んでいる。第51・50列車はスピードは速いものの、一度に輸送可能な貨物の重さは少ない。すでに記したとおり、219・8トンの質量の貨物を運べるにとどまる。

機関車が貨車を牽引する形態の高速貨物列車Aのなかで最も最高速度が速いのは、東海道線や山陽線を走る第53・55・57・61・63・65・67〜5067・69・52・54・56・58〜61・60・64・66の各列車だ。最高速度は時速110キロメートルである。これらのうち、第53・55・63・69・52・54・62・66の各列車はコンテナ車を24両連ねた1200トン列車となっている。

1200トンのうち最も貨物の割合が高いケースは、コンテナ車1両に1個当たり13・8トンの31フィートコンテナを2個積んだときとなるので、24両で662・4トンの貨物を輸送可能だ。

実を言うと、速さと重さとのバランスが最も良好な貨物列車はいま挙げた9本の高速貨物列車Aとなる。なぜなら、最高速度を時速110キロメートル超えに向上させると「スーパーレールカーゴ」のように輸送可能なトン数が減るし、貨物列車の質量を1200トンを超えるようにして輸送トン数を上げると、今度は最高速度が落ちるからだ。

今日、コンテナ列車では1300トンという貨物列車の質量が最も大きい。コンテナ車26両を連ねていることから、貨物の重さは702トンに達する。ただし、これらのコンテナ列車の多くは高速貨物列車Aとして運転されているものの、最高速度は時速100キロメートルどまりだ。

いっぽう、タンク列車で1380トンという国内で最も質量の大きな貨物列車は、1035トンもの石油を輸送できる。ところが、最高速度は1300トンのコンテナ列車よりもさらに遅い。高速貨物列車Bまたは専用貨物列車Aとして運転されているから時速95キロメートルが精いっぱいだ。

列車を速く走らせると貨物の重さが減り、貨物の重さを増やすと列車の速度が下がるのはなぜなのか。ディーゼル機関車の場合は性能の限界に達したために両者を併せもつことができないからだが、電気機関車の場合は性能が不足しているからではない。

JR貨物のEH200形という直流電気機関車であれば1380トンの貨物列車を牽引し、なおかつ10パーミルの上り勾配《こうばい》で時速77キロメートルまで出すことができるからだ。

しかし、これ以上速度を上げようとすると、架線を流れる電力を大量に消費する結果、電圧を下げてしまうために他の列車が加速できなくなってしまう。従って、力を出すときには速度を下げ、速度を上げるときには力をあまり入れなくても運転できる性能に抑えて電気機関車を設計しているのだ。

運転距離が日本一長い貨物列車

全国で最も長い距離を走破する定期運転の列車は貨物列車である。北海道札幌市白石《しろいし》区にある札幌貨物ターミナルと、福岡県福岡市東区にある福岡貨物ターミナル駅との間を結ぶ1往復の高速貨物列車だ。

2本ともコンテナ列車で、最高速度はともに時速95キロメートルである。2021(令和3)年3月13日に実施された列車ダイヤ改正の時点でのあらましを見ていこう。

気になる運転距離は、福岡貨物ターミナル駅行きとなる第98〜第3098〜第2071列車が2139・6キロメートル、札幌貨物ターミナル駅行きとなる第2070〜第3099〜第99列車が2136・6キロメートルである。双方の列車とも列車番号が3つずつ存在するのは、途中の吹田貨物ターミナル駅と東青森駅とで列車番号を変えるからだ。

通る路線は北から千歳線、室蘭線、函館線、道南いさりび鉄道道南いさりび鉄道線、海峡線、津軽線、青い森鉄道青い森鉄道線、奥羽線、羽越線、白新《はくしん》線(札幌貨物ターミナル駅行きのみ)、信越線、えちごトキめき鉄道日本海ひすいライン、あいの風とやま鉄道あいの風とやま鉄道線、ＩＲいしかわ鉄道ＩＲいしかわ鉄道線、北陸線、湖西線、東海道線、山陽線、鹿児島線と19路線（福岡貨物ターミナル駅行きは18路線）と大変多い。

なお、一対のコンテナ列車にもかかわらず、福岡貨物ターミナル駅行きのほうが3・0キロメートル長い。この差は函館線の大沼—森間で生じている。距離の短い札幌貨物ターミナル駅行きは、大沼公園駅を経由する22・5キロメートルのルートを通るのに対し、福岡貨物ターミナル駅行きは渡島《おしま》砂原《さわら》駅を経由する35・3キロメートルのルートを通っており、後者のほうが12・8キロメートル長いからだ。

両列車の運転距離の差と、大沼—森間での2つの経路の差とでは食い違っている。実は信越線の新津《にいつ》駅と羽越線の新発田《しばた》駅との間でも両列車の運転距離が異なるからだ。福岡貨物ターミナル駅行きは水原《すいばら》駅を経由する羽越線回りの26・0キロメートルのルートを通るのに対し、札幌貨物ターミナル駅行きは新潟貨物ターミナル駅を経由する信越線、白新線回りの35・8キロメートルのルートを通る。従って、福岡貨物ターミナル駅行きのほうが今度は9・8キロメートル短いのだ。

途中の駅などでの停車時間を含めた所要時間は、運転距離の長い福岡貨物ターミナル駅行きが37時間6分、短い札幌貨物ターミナル駅行きが42時間55分と逆転している。途中で荷役を行う駅の数が異なるからで、前者は函館貨物と北九州貨物ターミナルとの2駅だけであるのに対し、後者は北九州貨物ターミナル、広島貨物ターミナル、南福井、金沢貨物ターミナル、富山貨物、新潟貨物ターミナルの6駅と4駅多い。この結果、表定速度は福岡貨物ターミナル駅行きが時速57・8キロメートル、札幌貨物ターミナル駅行きが49・8キロメートルだ。

荷役以外にも、運転士の交代、機関車の交換、他の列車の待避や行き違いを目的として多数の駅、信号場、操車場に停車する。福岡貨物ターミナル駅行きは34カ所、札幌貨物ターミナル駅行きは33カ所と結構な数だ。

細かく挙げていこう。福岡貨物ターミナル駅行きは室蘭線の鷲別《わしべつ》駅、海峡線の木古内《きこない》駅、青い森鉄道青い森鉄道線の青森信号場・東青森駅・再び青森信号場、奥羽線の東常盤駅・弘前《ひろさき》駅・白沢駅・大館駅・東能代《ひがしのしろ》駅・羽後《うご》飯塚駅・追分《おいわけ》駅・秋田貨物駅・秋田駅、羽越線の道川《みちかわ》駅・西目駅・出戸《でと》信号場・酒田駅・余目《あまるめ》駅・村上駅・岩船町《いわふねまち》駅、坂町《さかまち》駅・中条駅・月岡駅、信越線の南長岡駅、えちごトキめき鉄道妙高はねうまラインの直江津駅、えちごトキめき鉄道日本海ひすいラインの糸魚川駅、あいの風とやま鉄道あいの風とやま鉄道線の富山貨物駅、北陸線の南福井駅・敦賀《つるが》駅、東海道線の吹田貨物ターミナル駅、山陽線の岡山貨物ターミナル駅・広島貨物ターミナル駅・幡生《はたぶ》操車場だ。

札幌貨物ターミナル駅行きは山陽線の幡生操車場・徳山駅・西条駅・岡山貨物ターミナル駅、東海道線の吹田貨物ターミナル駅、湖西線の近江舞子《おうみまいこ》駅・近江今津《いまづ》駅、北陸線の敦賀駅・今庄《いまじょう》駅、えちごトキめき鉄道日本海ひすいラインの直江津駅、信越線の長岡駅、羽越線の間島《まじま》駅・府屋《ふや》駅・酒田駅、奥羽線の秋田駅・秋田貨物駅・鹿渡《かど》駅・東能代駅・大館駅・弘前駅・浪岡《なみおか》駅・鶴ケ坂駅、青い森鉄道青い森鉄道線の青森信号場・東青森駅・再び青森信号場、津軽線の奥内駅、海峡線の新中小国《しんなかおぐに》信号場、道南いさりび鉄道線の渡島当別《おしまとうべつ》駅、函館線の函館貨物駅・森駅、室蘭線の北舟岡駅・東室蘭操車場、千歳線の美々《びび》信号場である。

　行程が長いだけにさまざまな特徴をもつ。まずは機関車を多数交換しているという点だ。

　福岡貨物ターミナル駅行きは函館貨物駅、東青森駅、吹田貨物ターミナル駅、幡生操車場の４回、機関車を取り換える。機関車はすべてＪＲ貨物保有で、札幌貨物ターミナル―函館貨物間はＤＦ２００形、函館貨物ターミナル―東青森間はＥＨ８００形、東青森―吹田貨物ターミナル間はＥＦ５１０形、吹田貨物ターミナル―幡生操車場間はＥＦ２１０形、幡生操車場―福岡貨物ターミナル間はＥＨ５００形だ。

札幌貨物ターミナル駅行きは幡生操車場、吹田貨物ターミナル駅、東青森駅、函館貨物駅の4回だ。各区間とも福岡貨物ターミナル駅行きと同じ機関車を用いる。なお、山陽線の広島貨物ターミナル駅から西条駅までは最後部に補機としてEF210形も連結して急勾配の上り坂に挑む。

続いては、福岡貨物ターミナル駅行きであれば札幌貨物ターミナル駅行きと2回、札幌貨物ターミナル駅行きであれば福岡貨物ターミナル駅行きとやはり2回顔を合わせるという点だ。両列車が顔を合わせる駅または区間は、秋田県能代市の奥羽線の東能代駅と山口県周南《しゅうなん》市の山陽線の福川駅と戸田

JR西日本の京都駅を通過する札幌貨物ターミナル行きの第3099列車。牽引するのはJR貨物のEF510形交直流電気機関車だ(撮影:梅原 淳)

駅との間である。東能代駅での顔合わせは8時42分ごろで、お互いに停車して行き違いを行う。福川—戸田駅は複線区間で両列車とも走りながらすれ違うので確定しないが、列車ダイヤ上では6時58分ごろにすれ違う。

全国一運転距離の長い列車は１９８８（昭和63）年10月1日に臨時列車として登場し、好評につき１９９０（平成2）年3月10日に定期列車への昇格を果たした。福岡貨物ターミナル駅行き、札幌貨物ターミナル駅行きとも、コキ１００系列のコンテナ車を20両連結した１０００トンの貨物列車だ。福岡貨物ターミナル駅行きは吹田貨物ターミナル—幡生操車場間で、札幌貨物ターミナル駅行きは幡生操車場—岡山貨物ターミナルでそれぞれ４両のコンテナ車を増結し、24両編成で運転される。

さて、臨時列車を含めると、さらに運転距離の長い列車が存在し、やはりコンテナ列車だ。こちらは最高速度が時速１００キロメートルの高速貨物列車Aで、福岡貨物ターミナル駅発、札幌貨物ターミナル駅行きの第８０５８〜第８０６９列車だ。いままで取り上げた2本のコンテナ列車と運転区間が同じと侮《あなど》ってはいけない。こちらは日本海側ではなく太平洋側を通る列車で、いままで紹介した2列車と異なるルートである吹田貨物ターミナル—東青森間では、東海道線、武蔵野線、東北線、ＩＧＲいわて銀河鉄道ＩＧＲいわて銀河鉄道線、青い森鉄道青い森鉄道線を経由する。運転距離は2400・0キロメートルで、停車時間を含めた所要時間は46時間22分、表定速度は51・8キロメートルだ。

このコンテナ列車には福岡貨物ターミナル駅行きはない。臨時列車ではあるが、2018年の実績を見ると、8月中旬から12月下旬までの間は基本的に毎日運転されており、比較的よく見ることができる。

貨物列車の変わり種❶——鉄道車両を運ぶ甲種輸送列車

新たに製造された車両、または大規模な修繕《しゅうぜん》や検査を受ける車両を鉄道で移動させたいケースはまま生じる。機関車に牽引してという具合にだ。今日、このような列車は貨物列車として運転されていて、「甲種輸送列車《こうしゅ》」という。

「甲種の鉄道車両」という用語はJR貨物が定めたもので国鉄から引き継がれた。同社の営業規則には甲種のほか「乙種《おつしゅ》の鉄道車両」も定義されており、こちらは貨車に積載して輸送される鉄道車両を指す。しかし、いまでは鉄道車両を積むことのできる貨車はなく、乙種の鉄道車両の輸送は行われていない。

たいていの場合、甲種輸送列車の運転区間は鉄道車両メーカーの最寄駅から納入先となる鉄道会社の車両基地までとなる。目的地付近を除くと、当該の車両にとっては普段は走らない区間であるため、甲種輸送列車を運転するに当たっては結構手間暇をかけなくてはならない。

まず、運ばれる車両のなかにはJR在来線とレールの左右幅、つまり軌間《きかん》（JR在来線は1・067メートル）が異なるため走行できないものもある。このようなケースでは仮の台車を履かせなくてはならない。

牽引する機関車と運ばれる鉄道車両で連結器やブレーキ装置が異なる例も頻繁に見られる。機関車は自動連結器と自動空気ブレーキ装置とを装備し、運ばれる車両は密着連結器と電気指令ブレーキ装置との組み合わせといった具合にだ。

自動連結器と密着連結器とを連結するには、密着連結器側に自動連結器のナックルのような形をした中間連結器を装着する。いわば、密着連結器に取り付けるアダプターだ。この装置のおかげで連結器を交換する必要はないものの、連結器単体での状態よりも引張力が落ちてしまう。このため、速度制限が設けられており、JR各社は時速70キロメートル以下と定めた。ということは、甲種の鉄道車両を輸送する貨物列車は必然的に専用貨物列車B（109ページ参照）となる。

ブレーキ装置の相違の解消には「ブレーキ読み替え装置」が役立つ。この装置は甲種の鉄道車両の先頭車、要するに機関車のすぐ後方の車両に搭載され、機関車のブレーキ管を通じて送られてくる圧縮空気に反応して作動する。ブレーキ読み替え装置は、機関車が自動空気ブレーキをかけたという指令、つまりブレーキ管の圧縮空気を抜いたことを察知すると、その指令を電気信号に変えて電気指令ブレーキ装置を作動させて、貨物列車を停止させる。

電気指令ブレーキといえども最終的にブレーキシリンダは圧縮空気で作動するから、運ばれる車両すべてに圧縮空気が供給されなくてはならない。また、まくらばねに空気ばねを用いた台車を履いていれば、こちらにも圧縮空気が必要になる。もうおわかりのとおり、機関車から送られてくる圧縮空気はブレーキ読み替え装置だけでなく、ブレーキ装置そのものを作動させたり、空気ばねを膨らませるための大切な動力源となるのだ。

以上のように複雑な手続きを経て連結されるため、甲種の鉄道車両が客車や貨車といった「機関車と連結することを目的とした車両」であるときを除き、多くの場合は荷送人となる鉄道車両メーカーの関係者が添乗《てんじょう》する。旅客車なので乗り心地は悪くはないが、車両に電力が供給されないから空気調和装置や照明装置は作動せず、なかなか大変だ。添乗には食料や懐中電灯、そして長時間の移動となるため、寝袋が欠かせない。

甲種の鉄道車両の輸送で勘違いしやすいのは「荷送人がだれか」という点だ。鉄道車両メーカーで製造されたばかりの車両が鉄道会社の元に運ばれたり、大規模な修繕が必要となって車両が鉄道会社と鉄道車両メーカーとの間を往復するケースでは、荷送人は鉄道会社ではなく、鉄道車両メーカーとなる。

貨物列車の変わり種❷——周到な準備のうえに運行される特大貨物列車

貨物列車の変わり種の代表的な存在は、前項で挙げた甲種輸送列車、そして本項で紹介する特大貨物列車だ。

特大貨物列車とはその名のとおり、特別に大きな貨物を輸送する貨物列車を指す。JR貨物は特大貨物に定義を設けている。線路には車両の最大の大きさに対しての最大許容量、正式には「車両限界」が設けられており、特大貨物とはこの車両限界を超えるものを指す。

車両限界を1ミリメートルでもはみ出したとしたら、駅のプラットホームや架線柱といった鉄道施設に車両が衝突してしまうのではと心配になる。しかし、線路を敷設する際には「建築限界」といって、鉄道施設をこれよりも内側につくってはならないという基準が設定されており、車両限界よりもひと回り大きい。このため、特大貨物の大きさが建築限界を下回っていれば、理論上は走行可能なのだ。

基本的に、車両限界と建築限界との間には幅で最小30センチメートル（車両限界2・85メートル、建築限界3・15メートル）、最大80センチ（同3・0メートル、同3・8メートル）、高さで20センチ（同4・1メートル、同4・3メートル）の余裕がそれぞれ設けられている。しかし、そうは言っても建築限界を超える貨物は残念ながら運ぶことはできない。

現在、JR貨物が輸送する特大貨物は2品目ある。1つは変圧器など発電所や変電所などで用いられる電気機器、もう1つは新幹線電車だ。

新幹線の車両限界はJR貨物をはじめとする在来線のものよりもひと回り大きい。具体的には全幅《ぜんはば》は3・4メートルと40センチメートル、全高《ぜんこう》は4・5メートルと20センチメートルもそれぞれ在来線より広げられた。全幅は建築限界を支障しないものの、全高はオーバーしている。さらに、新幹線の場合、車体の床下部分の車両限界もやはり3・4メートルだが、在来線はやや狭く、建築限界は3・15メートルしかない。

特大貨物を輸送するにはさまざまな準備が必要だ。まずは実地調査を行って特大貨物が建築限界を支障しないかどうかを確かめ、精密な測定図を作成する。特に難しいのはカーブの区間だ。軌道の中心よりも貨車の端部が外側に膨らみ、また中央部が内側に入り込むため、特大貨物が予想以上に車両限界を超えることが多いからである。また、信号機や標識が所狭しと設置されている停車場の構内も要注意箇所だ。

測定図を作成してもまだ安心できない場合は、実際の車両を用いて試験が行われる。その際に用いられるのはＪＲ旅客会社が所有している特殊車の限界測定車「オヤ31形」だ。車体には建築限界に基づいて矢羽根《やばね》が取り付けられ、接触すれば建築限界を支障していることがわかる。ちなみに、ＪＲ東日本は矢羽根の代わりにセンサーを用いた最新型のマヤ50形を１９９５（平成７）年に導入した。ＪＲ東日本の路線ではこちらが活躍中だ。

限界測定車による試験でも、まだ輸送の可否が判別できないケースもままある。そこで、実物の特大貨物と同じ寸法の模型を作成し、貨車に載せて走らせることも多い。特大貨物が全行程で何の支障もなく通過できれば申し分ないのだが、ごく一部で支障する場合は、たとえば信号機や標識などを一時的に移設あるいは撤去して貨物列車の運転に万全を期す。

いま挙げた数々の対策で「特大貨物を運ぶことができる」と判断されても、実際の運転には多くの制限がある。たとえば、本線では運転が可能だとしても駅のプラットホームに接触するというのであれば、プラットホームのない線路を通るようにしなければならない。また、幅の広い貨物を運ぶときには隣の線路を走る車両との空間が少なくなる。他の車両や列車と行き違いやすれ違いが生じないように列車ダイヤを調整することも重要だ。

新幹線電車を除く特大貨物では大物車が活躍する。大物車の最高速度は、最も速いもので時速75キロメートルどまり。従って、どの貨物列車も専用貨物列車となることは言うまでもない。

いっぽう、新幹線電車の輸送の際には貨車ではなく、仮の台車がカギを握る。新幹線と在来線とでは軌間が異なるため、新幹線電車を輸送する際には輸送用にあつらえられた仮の台車に履き替えなくてはならない。仮の台車は新幹線電車の車体を50センチメートルほど持ち上げ、床下部分が建築限界を超えないようにしている。

また、新幹線電車を通すルートは鉄道車両メーカーから新幹線の車両基地までの間と決まっているので、線路の架線を張る位置を高くするといった対策を施《ほどこ》して建築限界を広げている。

少々古いデータながら、JR貨物によると、2003（平成15）年度の新幹線電車を除く特大貨物の輸送実績は20件だったという。最も多く運ばれたものは変圧器の12件。荷重はすべて１００トンを超え、最も重い物は２３０トンだったそうだ。ほかには荷重が60トン程度の発電機の主軸や水車の主軸などが輸送された。いずれも電力会社に関係の深いものばかりだ。

いっぽう、同じ年度にＪＲ貨物が運んだ新幹線電車の件数は13件だった。すべてＪＲ東海の７００系新幹線電車で、愛知県豊川市の日本車輌製造豊川製作所から静岡県浜松市のＪＲ東海浜松工場までの間を飯田線と東海道線とを経由して輸送されている。

貨物列車の変わり種❸——川崎市が荷主の「ごみ輸送列車」

ＪＲ貨物武蔵野線の梶ケ谷《かじがや》貨物ターミナル駅と神奈川臨海鉄道の浮島《うきしま》線末広町《すえひろちょう》駅との間を、ＪＲ貨物武蔵野線、同南武線、同東海道線、神奈川臨海鉄道浮島線を経由するコンテナ列車が運転されている。列車番号は、末広町駅行きが第１５２列車～第３１９列車または第３２３列車、梶ケ谷貨物ターミナル駅行きが第３２２列車または第３２４列車～第１５３列車だ。ＪＲ貨物の路線では高速貨物列車Ｃとして運転され、最高速度は時速75キロメートル。列車番号はＪＲ貨物と神奈川臨海鉄道との境界である川崎貨物駅で変わり、浮島線内では2本のコンテナ列車に分割される。

　このコンテナ列車の荷主は地方公共団体の神奈川県川崎市であり、運ばれている貨物は生活廃棄物、つまり家庭から出されるごみである。川崎市は「クリーンかわさき号」と呼ぶ。

　一般に、家庭から出されるごみは、指定の集積所《しゅうせきじょ》まで収集に来たごみ収集車、専門的には塵芥《じんかい》収集車に搭載され、そのままごみ焼却施設や埋立処分施設、資源化処理施設といったごみ処理施設へと運ばれていく。川崎市でも塵芥収集車が集積所のごみを集めて回る。だが、市域が南北に細長く、なおかつごみ処理施設の多くが南部に偏って立地しているという事情から、塵芥収集車の移動距離が長くなり、しかも南北に貫く幹線道路は慢性的に交通渋滞が発生しているので時間も要するし、大量の排気ガスを放出して環境にも優しくない。

　生活廃棄物のスムーズな輸送と環境への配慮を目的として誕生したのが「クリーンかわさき号」である。家庭から出るごみを運ぶ日本初の貨物列車として１９９５（平成7）年10月2日から運転を始め、いまでも全国ただ1つの存在だ。

　少々古いデータだが、「クリーンかわさき号」は年間に11万９８００トン（２０

03年度）の生活廃棄物を運ぶ。同じ年度に川崎市から排出されたごみの総量は61万9467トンだというから、約20パーセントのごみが貨物列車で輸送された計算となる。比較的高い割合だと言えるだろう。なお、貨物列車で輸送することにより、年間に1557トンの二酸化酸素（CO_2）を削減できたそうだ。例によってこの手の発表では元の値が不明なので、何パーセントのCO_2を減らせたのかはわからない。

川崎市の北部で集められたごみを南部のごみ処理施設へ運ぶという使命から、末広町行きの列車のコンテナには貨物が搭載され、梶ケ谷貨物ターミナル駅行きはコンテナが空となる。コンテナはUM8A形、UM11A形、UM13A形の3種類。すべて無蓋コンテナで、なおかつ川崎市環境局が所有する私有コンテナだ。

UM8A形は12フィート級のJRコンテナであり、積み荷は粗大ごみまたは空き瓶・空き缶だ。川崎市北部で生じた粗大ごみは、UM8A形を載せたトラックが集積所を回った後、梶ケ谷貨物ターミナル駅に直行してコンテナ車に積載される。末広町駅に着いたら、コンテナは再びトラックに載せられ、浮島処理センターへと向かう。

いっぽう、市北部で発生した空き瓶や空き缶は塵芥収集車が集めて回り、梶ケ谷貨物ターミナル駅へと向かう。この駅には「クリーンかわさき号」の貨物利用運送事業者である全国通運が設置した資源物積替施設があり、ここでUM8A形コンテナに積み込まれ、コンテナ車に載せられる。川崎市の空き瓶や空き缶の処理は、JR貨物と神奈川臨海鉄道との連絡駅である川崎貨物駅に程近い川崎市環境局南部リサイクルセンターで行う。このため、川崎貨物駅でコンテナ車から卸され、浮島線を走ることはない。

UM11A形は20フィート級のJRコンテナであり、焼却された生活廃棄物の灰を積む。川崎市環境局は北部の高津《たかつ》区に橘《たちばな》処理センター、同じく麻生《あさお》区に王禅寺《おうぜんじ》処理センターと2カ所のごみ焼却施設をもつ。UM11A形はここで焼却されたごみの灰を積み、末広町駅まで運ばれた後、トラックで浮島処理センターへと向かい、最終的に灰は埋め立てられる。

一般的な家庭ごみを載せるコンテナは20フィート級のUM13A形だ。塵芥収集車が集積所から収集した家庭ごみは橘処理センターでUM13A形に載せ替えられ、トラックで梶ケ谷貨物ターミナル駅へと運ばれた後、「クリーンかわさき号」で末広町駅へ。到着後は浮島処理センターに運ばれる。

「クリーンかわさき号」に用いられているコンテナ車はJR貨物が所有するコキ100系列だ。梶ケ谷貨物ターミナル―川崎貨物間では通常21両が、川崎貨物―末広町間では1本の列車につき10両程度がそれぞれ連結されている。浮島線内でのコンテナ車の連結両数ははっきりしていないが、貨物の量によって増減されるようだ。

自動車で輸送されていた貨物を鉄道に取り込んだ好例ではあるが、鉄道事業者が貨物列車の利点をアピールして取り込んだのではない。むしろJR貨物は当初は乗り気でなかったという。というのも、生活廃棄物の臭気《しゅうき》や飛散によって同社が取り扱うほかの貨物に悪影響を及ぼすことを心配したのである。

川崎市は、JR貨物の懸念を解消すべく工夫されたコンテナを全国通運とともに開発してJR貨物の了解を取り付けた。具体的には、水密性を高めた無蓋コンテナとし、なおかつごみの飛散を防ぐために上部にカバーを設けたのだ。

鉄道による貨物運送においてごみ専門の貨物列車は「クリーンかわさき号」だけである。だが、企業に集められたさまざまなごみをコンテナに積み込み、通常のコンテナ貨物列車に搭載して運ぶケースは全国的に多い。

貨物列車の変わり種❹ 双方向輸送が行われている車扱列車

車扱列車は貨物を載せた列車が終着駅に着いたら、始発駅まで空の貨車を戻す必要があり、鉄道事業者といえども、許可なく他の貨物を積んで走らせることはできない。始発駅まで空の貨車を戻すための列車を返却空車列車、略して「返空列車《へんくう》」という。

列車の性格から回送列車ではないかと勘違いしてしまうが、実は返空列車もれっきとした貨物列車の一員である。というのも返空列車であっても荷送人または荷受人から運賃を徴収した営業列車であるからだ。

そのようななか、往路、復路とも貨物を積載した車扱列車が全国に1例だけ存在する。衣浦《きぬうら》臨海鉄道碧南《へきなん》線の碧南市駅と三岐《さんぎ》鉄道三岐線の東藤原《ひがしふじわら》駅との間を碧南線、JR貨物武豊《たけとよ》・東海道・関西線、三岐線経由で結ぶ車扱列車だ。

列車番号は、東藤原駅行きが第5571列車または第5573列車～第5767列車～第5283列車～第1501列車～第901列車または第5001列車または第9003列車～第901列車、碧南市行きが第5004列車～第5280列車～第5580列車～第5570列車である。双方の列車とも途中の大府《おおぶ》駅、稲沢駅、富田《とみだ》駅で列車番号は変わり、第1501列車から第901列車へは三岐線の保々《ほぼ》駅で変更という具合に複雑だ。東藤原駅行きは三岐線内で3分割されるために列車番号が多い。JR貨物の路線では専用貨物列車Aとして運転され、最高速度は時速75キロメートルだ。

輸送されている貨物の組み合わせは炭酸カルシウム、そしてフライアッシュとも呼ばれる石炭灰《せきたんばい》である。貨物の最終的な目的地を挙げると、炭酸カルシウムは火力発電所、石炭灰はセメント工場へとそれぞれ向かう。

炭酸カルシウムとはセメントの原料となる石灰石の主成分を指し、セメント工場に隣接する石灰石鉱山で産出される。近年、炭酸カルシウムは、石油や石炭を燃やしたときに出る煙に含まれる硫黄《いおう》を取り去る排煙脱硫材《はいえんだつりゅうざい》として注目を浴び、各地の火力発電所で欠かせないものとなった。

いっぽう、石炭灰とは簡単に言えば石炭を燃やしたときに出る燃えがらを指す。石炭を燃焼させて発電する火力発電所では石炭灰の発生は避けられず、燃やした石炭のおよそ1割が石炭灰となるのだという。従来は単なる厄介者であったが、セメントに混ぜると耐久性と耐水性とが増すことが明らかになった。

もうおわかりだろう。石炭を使用する火力発電所ではセメント工場でつくられる炭酸カルシウムが欠かせず、セメント工場では石炭を使用する火力発電所で生じた石炭灰が必要となるため、両者の間で大量の貨物需要が生じる。しかも、通常の車扱列車とは異なり、片道だけではなく往復の輸送が望めるから、鉄道事業者にとってありがたい存在だ。

碧南市―東藤原間で往復運転される車扱列車が搭載する貨物は次のとおり。炭酸カルシウムは三重県いなべ市の太平洋セメント藤原工場、石炭灰は愛知県碧南市の中部電力碧南火力発電所でそれぞれ産出されたものだ。

貨車には、JR貨物の私有貨車で太平洋セメントが所有するホッパ車のホキ1000形が用いられる。ホキ1000形は炭酸カルシウムと石炭灰との輸送のために1990（平成2）年に34両がつくられた。荷重は35トンである。

ホッパ車だけに貨物は上部から積み込まれ、底部から排出される仕組みをもつ。ホキ1000形の底部は傾斜角度が8度と緩く、その分容積が増えている。傾斜

武豊線の東浦（ひがしうら）駅に到着した東藤原駅行きの車扱列車。ホッパ車には石炭灰が搭載されている（撮影：梅原 淳）

が緩い分、ホッパ中央下部の排出口を開けただけでは貨物が排出されないので、上部から空気を送り込み、その力で貨物を卸す。このような仕組みを「エアスライド」という。ホッパ部分に炭酸カルシウムと石炭灰とが混合してもあまり差し支えないようで、終着駅に到着した貨車は貨物をはき出した後、荷役担当者がゴム製の金づちで車体の側面をたたいて残留物を落とす程度だという。

荷役は東藤原駅では太平洋セメントが、碧南市駅では衣浦臨海鉄道がそれぞれ担当する。碧南市駅と碧南火力発電所との間は約6キロメートル離れているので、貨物はこの間では中部電力の関連会社である中電輸送サービスのトレーラーに載せられて運ばれていく。

いっぽう、東藤原駅からは専用側線《そくせん》が太平洋セメント藤原工場内まで延びているので貨物が公道上を移動することはない。

貨物列車の変わり種⑤——北海道新幹線の線路を走る貨物列車、その課題

いわゆるフル規格と呼ばれる新幹線の線路を走行する貨物列車が存在する。その場所は北海道の木古内《きこない》駅と青森県の中小国《なかおぐに》駅との間の87・8キロメートルの海峡線の一部だ。青森県の新中小国信号場と木古内駅との間の82・0キロメートルで、貨

物列車はＪＲ北海道の北海道新幹線の線路を走る。この区間では在来線の海峡線と北海道新幹線とが線路を共同で用いており、共用区間という。

新幹線と在来線とがなぜ同じ線路を通らなければならないかは日本地図を見るとすぐにわかる。本州と北海道との間には津軽海峡があり、この区間には複線の線路が敷かれた青函《せいかん》トンネルが１本しかないからだ。

青函トンネルとは、約７０００億円の建設費を要して１９８８（昭和63）年３月13日に在来線の海峡線として営業を開始したトンネルで、長さは53・８５キロメートルである。２０１６（平成28）年３月26日に開業した北海道新幹線の新青森駅と新函館北斗駅との間の１４８・８キロメートルの建設に当たり、国は新幹線用に新たに青函トンネルを掘らず、線路を共用させることとした。国の財政状況は厳しく、１兆円近い事業費を拠出できなかったからだ。

新幹線と在来線とでは線路の仕様が異なる。その最大のものは軌間だ。軌間は前者が１・４３５メートル、後者が１・０６７メートルと、在来線のほうが36・８センチメートル狭い。架線を流れる電力は前者が交流２万５０００ボルト、後者は交流で電化されている場合の電圧は２万ボルトと５０００ボルト分の差が生じている。信号保安装置は前者がＡＴＣ（自動列車制御装置。Automatic Train Control device)、後者がATS（自動列車停止装置。Automatic Train Stop device）が主体という具合に相違点が多い。

何よりも異なるのは最高速度で、北海道新幹線は時速260キロメートル、海峡線を走る貨物列車は時速100キロメートルまたは時速95キロメートルである。

2021（令和3）年3月13日の列車ダイヤ改正の時点で設定されている貨物列車の本数は合わせて52本で、すべてコンテナ列車だ。北海道向けとなる木古内駅方面が29本、本州向けとなる中小国駅方面が23本で、内訳は木古内駅方面では高速貨物列車Aが14本（うち臨時列車は5本）、高速貨物列車Bが12本（うち季節列車は1本、臨時列車は2本）、中小国駅方面では高速貨物列車Aが15本（うち季節列車は1本、臨時列車は5本）、高速貨物列車Bが8本（うち季節列車は1本）だ。なお、同じ区間を行く北海道新幹線の定期列車は、北海道側の新函館北斗駅方面、本州側の新青森駅方面とも13本ずつの26本である。定期列車だけでもコンテナ列車は37本（木古内駅方面は21本、中小国駅方面は16本）運転されているから、貨物列車が走る線路を北海道新幹線の列車が間借りしているかのようだ。

列車の本数という勢力こそ勝るものの、共用区間の走行に当たっては、貨物列車が新幹線に合わせている。一例を挙げると、架線を流れる交流2万5000ボルト、

50ヘルツに合わせ、在来線用の交流2万ボルト、50ヘルツとの双方で走行可能なEH800形交流電気機関車が新たに投入された。EH800形は在来線用のATSに加えて、新幹線用のATC、正確に言うとDS-ATC（Digital communication & control for Shinkansen-ATC）も搭載しているし、新幹線用の無線装置、携帯電話、緊急時に他の列車との衝突を防ぐ列車防護装置は新幹線向けのものも搭載している。

新幹線側で貨物列車のために合わせたものは軌間だ。共用区間では3本のレールが敷かれた三線軌条となっている。新中小国信号場、木古内駅どちらから見ても、一番外側のレールを新幹線と在来線とで一緒に使用し、内側は在来線、新幹線という順に2本のレールが並ぶ。

貨物列車の運転方法も他の区間では見られない方法が採用された。在来線の線路を走ってきた貨物列車は、新中小国信号場または木古内駅にある新幹線の線路との合流直前の切換地点でいったん停車する。運転士はここでATC切換スイッチを扱い、ATSからATCへと変えていく。なお、架線の電圧は切換地点に進入するときに変わるのだが、機関車側で自動的に対応するので、運転士は特に操作の必要はない。

ATC切換スイッチを扱うと、貨物列車の列車番号が新幹線の列車の運行を集中的に管理する総合指令所へと送信される。新幹線の総合指令所で貨物列車の居場所をつかむためだ。列車番号が総合指令所の制御盤で表示されるまでに2分ほどかかるため、必然的に貨物列車は切換地点で最低2分は停車しなくてはならない。

切換地点では、EH800形のパンタグラフが上げられる。具体的に言うと、EH800形はパンタグラフを在来線の区間では1基、共用区間では2基それぞれ使用するのだ。

架線を流れる電圧が高い交流での電化区間では、大電力が必要な電気機関車といえどもパンタグラフは1基しか使用しないで済む。これに対して、直流の電圧は1500ボルトと交流と比べて低いので、電気機関車は2基のパンタグラフを上げて電気を取り入れる。つまり、貨物列車の写真を見て、電気機関車が1基のパンタグラフしか上げていなければ交流電化区間を走っていると考えてよい。

新幹線の架線を流れる交流の電圧は在来線よりもさらに高いから、走行に必要な電気を取り入れる目的で使用するパンタグラフは1基で十分である。にもかかわらず、EH800形が2基のパンタグラフを上げるのは、他の列車に異常が起きたときに確実に停車するためだ。というのも、共用区間では万一列車に異常が起きて停車した際に、車両側で保護接地スイッチを作動させて架線を停電させ、他の列車を確実に止めて衝突を防いでいる。このとき、EH800形が架線の停電を確実に、そしてより早く検知できるよう、パンタグラフをわざわざ2基上げているのだ。

ところで、少数派の貨物列車は全国的にJR旅客会社に大きな制約を生み出している。なかでも最大のボトルネックとなっているのはいま紹介した共用区間であろう。北海道新幹線の列車の最高速度は在来線との共用区間を含めて本来は時速260キロメートルで設計された。しかし、この区間で新幹線の列車と貨物列車とがすれ違った際に生じる風圧で貨車に搭載したコンテナが荷崩れを起こし、最悪の場合は線路上に転落する恐れがあるとして、新幹線の列車の最高速度は時速160キロメートルに抑えられているからだ。

共用区間を行く新幹線の列車の最高速度を何とか引き上げようと、JR北海道やJR貨物、国土交通省、さらには北海道新幹線の建設を担当した鉄道建設・運輸施設整備支援機構はさまざまな取り組みを行ってきた。

新幹線では在来線と比べて大ぶりな車両が走行可能という特性をいかし、コンテナ貨車ごと大きな有蓋車に載せるトレイン・オン・トレインもその1つ。一時期注目を集めたが、いまだ実現していない。ほかにもう1つ青函トンネルを掘るとか、

2本の線路の中間に壁を築くなど、やや現実性に乏《とぼ》しい案も出された。現実的な案としては、新幹線の列車と貨物列車とがすれ違う直前にATCを用いて新幹線の列車の速度を落とすという方策が考えられており、筆者もこの案で落ち着くのではないかと予想する。

現在、共用区間では貨物列車は最高速度時速100キロメートルで走行しており、すれ違う新幹線の列車は時速160キロメートルということから、相対して生じる速度は両者の和から時速260キロメートルだ。極めて単純な考え方ながら、新幹線の列車の速度を上げたいのであれば、貨物列車は速度を下げればよい。つまり、すれ違う際に貨物列車は停止し、新幹線の列車は時速260キロメートルで通過すれば、北海道新幹線で本来出せる速度と同じ速度で走行できる。もちろん、すれ違う新幹線の列車までの位置を考慮して自動的に貨物列車の速度を下げる役割を果たすATCの採用が必須となることは言うまでもない。

ところで、共用区間のうち、青函トンネルではおよそ25キロメートルにわたって12パーミルの上り勾配区間が続く。このような区間で貨物列車を止めると再発進は難しい。そこで、貨物列車も時速40キロメートル程度は確保し、すれ違う新幹線の列車の速度は時速220キロメートルまで落とすという方策も考えられる。

これで北海道新幹線と海峡線との共用区間で貨物列車が新幹線の列車の足を引っ張るという問題は解決するであろう。でも貨物列車の運転時間が延びることにより、たとえば後方からやって来る新幹線の列車の速度を下げてしまうという新たな問題も生じる。苦し紛れの対策ながら、現在、共用区間に運転されている37本の定期運転の貨物列車の何本かを削減して新幹線の列車のために線路を空けなくてはならない。

とはいうものの、JR貨物にとっては大事だ。国土交通省の『貨物地域流動調査』によると、2019（令和1）年度に共用区間を通って輸送された貨物の総量は419万トンであった。JR貨物が同年度に運んだすべての貨物の輸送トンは2954万トンであったから、14・2パーセントに相当する。貨物列車の削減はJR貨物の経営に直結するはずだ。端的《たんてき》に言えば、同社の営業収支は悪化し、ただでさえ厳しい経営環境がさらに苦しくなってしまう。

列車の本数は削減されても、貨物の輸送トン数を確保するには貨物列車1本当たりの輸送力を高めることが先決だ。現在、共用区間を通る貨物列車はすべてコンテナ車と呼ばれる貨車を連ねたコンテナ貨物列車で、1両当たり2車体をもつEH800形交直流電気機関車1両が20両のコンテナ車を牽引する。コンテナ車1両に搭載される貨物の質量はすべて12フィートコンテナであれば20トンで、20両で500トンだ。

東海道線や山陽線ではコンテナ車を26両連ね、1列車当たり650トンの貨物を輸送できるようにしたコンテナ貨物列車も運転されている。20両編成の貨物列車と比べて1列車当たり150トン多く貨物を輸送可能だ。共用区間でもすべてのコンテナ貨物列車を26両編成で運転すれば、合わせて29本と現在と比べて8本少ない本数で従来どおりの輸送力を確保できる。

共用区間を通るコンテナ貨物列車が26両のコンテナ車を連結して運転できない点については理由があることは言うまでもない。その最大のものは駅などの停車場の線路の長さが足りず、26両編成のコンテナ貨物列車が進入できないというものだ。駅というと貨物を取り扱う駅だけをイメージするが、旅客列車を待避するために旅客だけを扱う駅でも線路の長さを延長しなくてはならない。その手間と費用とがあまりにも大きいためにいままで実現しなかったのである。

ならば共用区間だけでもコンテナ車の連結両数を増やせばよいとも言えるであろう。しかし、コンテナ車の増結や切り離しのために貨物列車を駅でしばらく待機させなくてはならず、しかもコンテナ車のやりくりは複雑なものとなり、結果的に到達時間が延びたり、コンテナ車の運用に困難を来《きた》すといった問題が生じる。できればコンテナ車を連結する両数は始発の駅から終点の駅まで変えないでおきたい。

こちらも苦肉の策ではあるが、筆者が考えた案は共用区間だけ2本のコンテナ貨物列車を電気機関車ごと連結して運転するというものである。個々のコンテナ車を切り離したり、連結したりという手間に比べれば、1本目のコンテナ貨物列車の最後尾に連結されている貨車と、2本目のコンテナ貨物列車の先頭に連結されている電気機関車とをつなぐだけで手間は済む。列車が遅れたときにも混乱は起こりづらくなる。

一部の区間で2本のコンテナ列車を連結して運転する方式が実用化されると、大都市圏を中心に線路が不足している区間での混雑緩和に役立つ。特にJR東海の東海道、中央、関西の各系統の列車が集結する名古屋駅周辺でその恩恵は大きなものとなるであろう。何しろ、名古屋駅周辺には貨物列車専用の複線が存在しないので、多数運転されている旅客列車に混じって貨物列車が無理やり走っているという状態だからである。

●プロフェッショナルの技術が光る！

4章 運転技術を探究する

貨物列車の運転方法❶ ——機関車に乗り込み、加速するまで

車両の運転操作を行う方法は旅客列車も貨物列車も変わりはない。運転士は先頭の車両に設置された運転室に乗り込み、ハンドルを扱って発進から加速、減速、停止に至る動作を行う。

大まかな運転操作のあらましを説明しよう。車両を発進させるには、動力を生じさせる装置を作動させて力行《りっこう》（モーターの動力を車輪に伝えて加速、または上り勾配《こうばい》で均衡速度を保つこと）し、必要とする速度に達したら動力の供給を断ち、惰性《だせい》で走行する惰行《だこう》に移す。そして、停止させたり速度を落とすにはブレーキ装置を扱う。

現代の車両ではこれらの一連の操作はすべて1人の運転士によって執り行える。

貨物列車に用いられている車両のうち、運転士が運転操作を行っている車両は電気機関車、ディーゼル機関車、電車の3種類だ。これらのうち、「スーパーレールカーゴ」（43ページ参照）に用いられるJR貨物のM250系電車だけは操作方法が異なるので、後ほどまとめて説明しよう。後は車両の種類は異なるものの、基本的な運転操作の方法はほぼ同じだ。

動力車を力行させるには、まずはブレーキ制御器またはブレーキ弁のハンドルを操作してブレーキを緩《ゆる》める。車両が停止しているときにはブレーキが作動しているからだ。

ブレーキ制御器を備えた車両はJR貨物に存在する。該当するのは電気機関車ではEF210形、EH200形、EH500形、EF510形、EH800形、ディーゼル機関車ではDD200形、DF200形、HD300形だ。これらの車両のブレーキを緩めるには、運転士から見て左側に設けられているT字形のハンドルを手前に引き、「運転」と刻まれた位置に移す。

なお、ブレーキ制御器のハンドル、ブレーキ弁のハンドルはともに2基ずつ設置されている。これらのうち、最も左側、つまり車体の側面に近い位置のものは単独ブレーキ弁、通称「単弁」といって機関車だけに作動するブレーキだ。内側のものは自動ブレーキ弁、通称「自弁」といって、機関車はもとより、連結している貨車のブレーキ装置に指令を出す。

ブレーキ弁を備えた車両も運転士から見て左側に上下2段に2基設置されている回転型のハンドルをともに運転位置へと回す。それぞれ上段が単弁、下段が自弁のハンドルだ。こちらは特に位置を示す標記類はないが、運転士は「下から2番目の位置」とたたき込まれているのでよいらしい。時計の短針でたとえると5時の位置だ。

なお、JR貨物などのDE10形、DE11形は運転士から見て右側に単弁と自弁

JR貨物のEF200形直流電気機関車の運転台（撮影:結解 学）

とが上下に並んで設置されており、上側が単弁、下側が自弁となる。自弁のハンドルは回転型、単弁のハンドルはレバーと少々独特の形状をもつ。

ブレーキが緩んだところで発進だ。車両を動かすには動力装置に力行の制御信号を送る主幹制御器のハンドルを手前に引けばよい。主幹制御器ハンドルはDE10形、DE11形は運転士から見て左側、ほかはすべて運転士から見て右側に設けられている。

それでは、「スーパーレールカーゴ」に使用されるM250系の運転操作の仕方を説明しよう。この電車の場合、加速やブレーキを司るハンドルは運転士から見て左側に1本しか設けられていない。ブレーキ制御器と主幹制御器とが1本のハンドルにまとめられているからで、ハンドルを押せばブレーキ、引けば加速となる。

M250系のブレーキを緩めるにはハンドルを引き、だいたい真ん中の位置にある「切」という位置に移せばよい。また、ブレーキをかけた状態からハンドルを手前いっぱいに引いても自動的にブレーキが緩むから大丈夫だ。

主幹制御器の操作方法は案外難しい。理論的には一気に一番手前、つまり最も加速力が高い位置までハンドルを移してもよいのだが、機関車によっては不可能なものもあるからだ。ブレーキ制御器を採用した電気機関車やM250系以外ではモーターに過大《かだい》な電流が生じ、安全装置が働いて止まってしまうので、主幹制御器に刻まれたノッチと呼ばれる溝を一つひとつゆっくり動かす。速度が上がればモーターに流れる電流は減る。運転士は電流計を見ながら、手前に引いていくのだ。

DF200形以外のディーゼル機関車も似たような操作を行う。こちらも一気に手前に引くとエンジンの回転数が上がり過ぎてトラブルのもとになる。目安として1ノッチ当たり2秒は間を開けておく必要がある。

貨物列車の運転方法❷ ――ブレーキを作動させ、停止するまで

貨物列車の速度が所定の数値に達したら、主幹制御器のハンドルを戻し、車両を惰行の状態に移行させる。下り坂でもない限り、貨物列車の速度は徐々に落ちていくが、速度をすぐに落としたいとか、決められた位置に停止させたいときにはブレーキ装置の出番だ。

ブレーキをかけるにはブレーキ制御器やブレーキ弁のハンドルを扱えばよい。操作方法は大きく分けて3種類あるうち、ブレーキ制御器の場合は自動ブレーキ弁のハンドルを前に押し、運転位置から普段用いるブレーキである常用ブレーキ位置へと動かす。ブレーキ制御器を備えた機関車のなかで最も両数の多いEF210形直

流電気機関車の常用ブレーキ位置は1から8までの8段が刻まれており、数字が大きくなるほどブレーキの利きも強まる。

いっぽう、DE10形グループを除いてブレーキ弁を装着した機関車は、自動ブレーキ弁のハンドルを左に回して運転位置から常用ブレーキ位置へと移す。機関車によって多少の誤差はあるが、目安を時計の短針にたとえると、運転位置は5時の位置で常用ブレーキ位置は3時の位置である。

DE10形タイプのブレーキ弁のハンドルの操作方法はブレーキ制御器を備えた機関車での方法に近い。時計の短針でいうと8時の位置にある運転位置から自動空気ブレーキ弁のハンドルを右に18度回すとブレーキが利き始め、さらに52度回せば常用ブレーキのなかで最も強いブレーキがかかる。このときの位置を時計にたとえれば5時と6時の間のほぼ中間だ。

簡単に説明すれば以上のとおりではあるものの、機関車のブレーキ装置を操作して貨物列車を止める操作はあらゆる鉄道車両のなかでも最も難しいものの1つである。なかでも、自動ブレーキ弁で止める操作は大変難しい。というのも、ブレーキの利き方は常用ブレーキ位置にハンドルを置いた時間で決まるため、このままではハンドルの操作で利き方を変化させることはできないからだ。常用ブレーキ位置にハンドルを合わせる時間が短ければブレーキが不足し、多過ぎればブレーキが利き過ぎてしまう。

いま挙げた欠点を解消するため、自動ブレーキ弁には「重《かさ》なり位置」が用意された。これは、ブレーキの利き具合がちょうどよい頃合いになったと運転士が判断したときに用いる。

常用ブレーキ位置からハンドルをわずかに右に回し、時計でたとえれば3時と4時との間にある重なり位置にハンドルを合わせれば、ブレーキの利き方はこれ以上強くならず、かといって弱まりもしない。実を言うと、ブレーキ制御器を備えた機関車や、DE10形やDE11形の自動ブレーキ弁の場合、任意のノッチあるいは位置でハンドルを止めると、自動的に重なり位置にハンドルを合わせたのと同じ状態に移行するのだ。

停止間際になると、重なり位置にハンドルを合わせていてもブレーキが強過ぎるので、ブレーキの利き方を弱めたくなる。しかし、貨車のうち、最高速度が時速85キロメートル以下のものの一部が備えているブレーキ装置はブレーキの利き方を段階的に弱くすることができず、ブレーキを完全に緩めてからもう一度かけ直さなければならない。つまり、ブレーキを緩めてからもう一度利くまでのタイムラグを考慮に入れて運転する必要がある。これはブレーキ制御器を備えた機関車であろうが、DE10形、DE11形であろうと変わらない。

もう1つの理由はまさに貨物列車ならではの問題だ。強いブレーキをかけたとき、旅客列車ならば車内の人はとっさに足を踏ん張ったり、手すりなどにつかまって転倒を防ぐ。しかし、貨物はそのようなことはできないから、ブレーキが強過ぎると荷崩れを起こす。大切な貨物を破損させては輸送したとは言えない。

自動空気ブレーキ装置は前の車両から徐々に利き始めていくから、強い衝撃はブレーキを強くかけたときよりも、ブレーキを急激に緩めたときに起こる。だが、貨車のなかにはブレーキを一気に緩めるほかないものも多い。こうした場合に備え、自動ブレーキ弁には、貨車のブレーキだけを先に緩め、機関車のブレーキはかけたままにしておく「保《たも》ち扱い」という機能が搭載された。

保ち扱いとするには、ブレーキ制御器を備えた機関車には「保ちスイッチ」を押すことで、DE10形タイプのブレーキ弁をもつ機関車はブレーキをかけた後、自動ブレーキ弁のハンドルを押し下げて運転位置に戻すことでそれぞれ作動する。一般的なブレーキ弁を備えた機関車の場合、自動ブレーキ弁のハンドルを常用ブレーキ位置または「重なり位置」から右に回し、4時の場所にある「保ち位置」に合わせればよい。

機関車の重連運転は、どのように行われているか

ＪＲ貨物や民鉄の一部で２両の機関車を連結して貨物列車を牽引《けんいん》する例が見られる。急勾配の上り坂があるために１両の機関車だけでは引張力《ひっぱりりょく》（32ページ参照）が足りないので、もう１両の機関車を加えて出力不足を補うための方策だ。

２両の機関車を連結して運転する方法のうち、貨物列車の先頭に２両の機関車をつなげるやり方を「重連《じゅうれん》」という。仮に３両の機関車を連結すれば「三重連」、４両ならば「四重連」だ。

今日、急勾配を理由に重連で貨物列車の牽引を行う例はＪＲ貨物、大井川鐵道《おおいがわてつどう》、名古屋臨海鉄道、衣浦《きぬうら》臨海鉄道、三岐《さんぎ》鉄道で見られる。複数の機関車がうなりを上げて走行するために鉄道愛好者の人気は高い。なお、日本では三重連は行われていないが、海外では三重連、四重連、それ以上で運転される貨物列車を見ることができる。

２両の機関車が連結されているので、運転士はどちらの機関車にも乗っているのであろうと思う方もいるかもしれないが、実は定期的に運転されている重連の場合、

このようなことはなく、運転士1人で運転操作を行っている。というのも、重連で運転される機関車は「総括制御」という仕組みを搭載しており、機関車どうしを電線で結ぶと、2両の機関車に搭載されたモーターやディーゼルエンジンを同調させられるようになっているからだ。

ブレーキ装置も多くの場合、「釣合《つりあ》い管」と呼ばれる管を引き通し、機関車だけに作動する単独ブレーキを2両いっぺんに働かせることができるようになっている。釣合い管を引き通していないときでも、貨車と同様に自動ブレーキ装置は作動するから、ブレーキが利かないということはない。

さて、山陽線の広島県内の区間となる広島貨物ターミナル駅から西条《さいじょう》駅までの間では、電気機関車が1両で牽引している貨物列車に対し、原則としてもう1両の直流電気機関車のEF67形、またはEF210形が最後尾に連結される。途中の瀬《せ》野《の》駅から八本松《はちほんまつ》駅までの10・6キロメートルに最大で22・5パーミルの急な上り坂があり、電気機関車の引張力不足を補う目的で補助機関車、略して「補機」の連結が必要となったからだ。

貨物列車の先頭に立つ機関車を「本務機」という。山陽線広島貨物ターミナル—西条間では本務機と補機とでそれぞれに運転士が乗務している。というのも、機関車どうしが隣り合っていないので総括制御用の電線であるとか釣合い管を引き通すことができないのだ。もちろん、これらの装備を貨車にも追加して搭載しておけばよいのだが、貨車の数はあまりに多く、設置には手間と費用とがかかり過ぎるので行われていない。

２両の機関車に分かれて乗務している２人の機関士は、どのように運転操作を行っているのであろうか。答えは無線で連絡を取り合いながら、主幹制御器ハンドルやブレーキ制御器またはブレーキ弁のハンドルを操作しているのだ。

とはいえ、補機が本務機と歩調を合わせて加速したり、ブレーキをかけな

山陽線瀬野―八本松間で補機としての役割を果たすJR貨物のEF67形（撮影：結解 学）

くてはならないのは瀬野駅から八本松駅までだけで済む。他の区間では本務機の引張力に余裕があるため、補機をぶら下げた状態、つまり補機が加速していなくても大丈夫だ。もちろん、ブレーキも本務機が作動させた自動空気ブレーキが補機でも作動するから心配はない。

車輪の空回りを防ぐ運転テクニック

機関車の引張力が一番求められる場面は、停止状態から貨物列車を引き出して動き始めるときである。とはいうものの、近年は機関車の引張力が向上した結果、重い貨物列車といえども動けなくなるようなケースはあまりない。起こるとすれば、上り坂で止まってしまって坂道発進を行わなければならないとき、それから雨や雪がレールに降って滑りやすくなっているときだ。

上り坂やレールが濡れた状態で発進するには、機関車の動輪とレールとの間に砂をまいて摩擦力を増やす必要がある。多くの機関車が搭載している砂は海岸にあるような砂だが、たとえばJR貨物のEF210形直流電気機関車が搭載している砂は「珪砂《けいさ》」という。石英《せきえい》を主成分としていて、直径は0・3ミリメートルとごく小さい。単なる砂よりも摩擦力が向上しやすく、わずか約30分の1の噴射量で普通の砂と同等の効果が得られるのだそうだ。

今日の機関車は砂をまきさえすれば、上り坂であってもほぼ苦もなく発進できる。しかし、何事にも例外はつきもの。さまざまな悪条件が重なって発進できない可能性も残されている。このような場合、「圧縮引き出し」と呼ばれる、ＪＲ貨物をはじめとする鉄道事業者が運転士に指導している方法があるので紹介しよう。

圧縮引き出しを用いて発進するには、止めるときから準備が必要だ。まずは単独ブレーキ弁を操作して先に機関車だけブレーキをかけ、次いで自動ブレーキ弁を操作して貨車も含めてすべての車両を止める。機関車と貨車、貨車どうしをつ

摩擦力を増やすために機関車には砂まき装置が設けられた。写真では車輪左側に砂を入れた砂箱があり、ここから砂まき管を経てレールへと砂が落とされる（撮影：結解 学）

など自動連結器にはすき間を意味する「遊間《ゆうかん》」が1組につきおよそ22ミリメートルあり、このとき機関車が先に停止したので、貨車側の自動連結器の先端が機関車の自動連結器の奥まで届いた状態となる。

発進に当たっては単独ブレーキ弁を最初に緩めておく。すると、機関車は後方の貨車の方向に坂を下ろうとするのだが、貨車全体の質量のほうが重いので、一時的に機関車を支えてくれる。この状態で次に自動ブレーキ弁を緩め、同時に主幹制御器のハンドルを動かして加速を始めていく。このとき自動連結器の遊間のおかげで、機関車が負担する列車の重量は瞬間的にではあるものの、機関車自体の重さだけとなって都合がよい。

なおよいことに、自動空気ブレーキは前側に連結した車両から緩んでいく。このため、貨車全体が一気に坂を下ってしまわないうえ、その重みはなかなか機関車には伝わらない。すべての貨車のブレーキが緩むころには機関車は安定して加速を始めるのだ。

まさに職人技！積載量で微妙に変わるブレーキ操作

貨車は貨物を積んだときと空荷のときとで質量の差が激しい。たとえば、ＪＲ貨物のコンテナ車のなかでも数の多いコキ104形の場合、質量は空車状態で18・7トン、フルにコンテナを積んだ状態で50トンとその差は31・3トンにも達する。

すべての貨車に貨物が搭載されているとか、あるいは搭載されていないというのであればまだ運転しやすい。ブレーキを作動させる際に前者ならば目いっぱい、自動空気ブレーキ装置であるから長い時間圧縮空気を抜けばよいし、後者であれば自動空気ブレーキ装置を作動させて止まり始めたところでブレーキを緩めてしまえばよいからだ。

しかし、貨車によって貨物を積載している度合いが異なるとブレーキのかけ方は難しくなる。ブレーキが強過ぎては衝撃が大きくなるし、かといって弱過ぎれば言うまでもなく停止しない。

今日のほぼすべての貨車には「積空《せきくう》ブレーキ装置」が搭載されていて、ブレーキの利きを調整する機能がある。手動と自動とがあり、手動では貨物を搭載したときは積空切換弁を「積」の位置に、貨物を搭載していないときは「空」の位置に動かす。いっぽう、自動の場合は台車のばねが沈むことで貨物を搭載したと判断する。手動、自動とも貨物を搭載すればブレーキシリンダの圧力を上げてブレーキ力を強めていく。空車であればブレーキシリンダの圧力はそのままだ。

積空ブレーキ装置からさらに進化した「応荷重装置《おうかじゅう》」を搭載している貨車も多い。たとえば、JR貨物のコンテナ車だ。応荷重装置とは、台車のばねが沈むことでブレーキの利きを高めることはもちろん、沈み具合に応じてブレーキの利き具合を調節する機能ももつ。

下り坂を走行するときは発電ブレーキの出番

長い下り坂を走行するとき、貨物列車を止める必要はないものの、スピードが上がらないようにブレーキを作動させる必要が生じる。このようなブレーキを「抑速《よくそく》ブレーキ」といって、どんな機関車にも装備されている自動空気ブレーキ装置で実現させることは非常に難しい。このため、発電ブレーキの出番となる。

発電ブレーキを搭載した機関車（**表2**〈41ページ参照〉）のうち、JR貨物のEF210形、EH200形、EH800形、EH500形、EF510形、DF200形、HD300形、それからM250系の場合は操作の仕方は簡単だ。ブレーキ制御器の自動ブレーキ弁のハンドルを常用の位置に合わせればよい。ブレーキの利きが強過ぎると感じればハンドルを手前に引き、もう少しブレーキを利かせたいと思えばハンドルを奥へと押す。

いま挙げた機関車以外の発電ブレーキ装置の操作はブレーキ弁ではなく、主幹制御器によって行う。基本的には、主幹制御器のハンドルの手前に付いている逆転器のハンドルを「前進力行」の位置から前に押して「前進発電」の位置に移動させる。この状態で主幹制御器のハンドルを手前に引いていくと発電ブレーキ装置が作動し、引けば引くほどブレーキは強まっていく。

自動空気ブレーキ装置であっても、何とか発電ブレーキの抑速ブレーキと同等のブレーキをかけたいと考えた人は多い。そこで考案されたのが「補給制動法」だ。自動ブレーキ弁のハンドルを重なり位置と保ち位置との間に置くと、ブレーキをこれ以上強くはしないものの、これ以上緩めないという絶妙な状態となることが国鉄時代に発見され、機関車の運転士の間で広まった。

だが、補給制動法が求める理想的な状態となる自動ブレーキ弁のハンドルの位置は機関車によってまちまち。位置を誤ると、すべての車両のブレーキが緩み、列車は急加速して危険でもあった。

今日、補給制動法を認めている鉄道事業者は少ない。抑速ブレーキが必要であるならば、発電ブレーキを用意することとしたからだ。

運転士はどんな環境で、長大な列車を操っているか

貨物列車に限らず、鉄道の車両を運転する運転士は過酷な環境に置かれている。運転に必要な基本的な操作自体にも高度な技術が必要なうえ、安全と定時運行とに気を配りながら走らせる作業は極めて難しいからだ。

法規によると、運転士は、地上に立てられた信号機の表示する内容を600メートル手前から確認できなければならないとある。しかし、天候によっては見落とす可能性はあるし、実際に見るとわかるのだが、視力が相当よくなければ判別できないのも事実だ。これだけでも目は疲れるが、遠方を注視しながら、手元の計器類も頻繁に確認しなければならない。このような動作を繰り返すと、40歳代になるころには視力が落ち、遠くも近くも見づらくなるのだという。

「車両がレールの上に載っているから、運転操作は難しくないのでは」という意見もよく聞く。しかし、駅などで人が飛び込んできたり、踏切で不意に自動車が進入してきたとしても、このせいで車両は避けることができない。筆者が鉄道事業者各社の数多くの運転士に取材して話を聞いたところ、皆一度は飛び込み自殺に遭遇《そうぐう》して人をはねた経験があるというし、踏切事故の恐怖は常に頭のなかにあるという。

いまはずいぶん減ったが、かつては踏切事故によって車両が大きく損傷し、運転士が命を失う機会も多かったのだ。

貨物列車の運転士はいま挙げた苦難のほか、トイレの悩みも抱えている。旅客列車の運転士の場合、もしもトイレに行きたくなったとしたら、駅に到着したときに車掌や駅員に断ったうえで用を足すことが可能だ。また、長距離を結ぶ旅客列車であれば車両にトイレが付いているケースも多い。

しかし、貨物列車の場合、駅といっても貨物を扱う場所であるからトイレが近くにあるとは限らないし、ないこともある。機関車にトイレは付いていないので、車内で用を足すこともできない。

JR貨物の運転士は携帯用のトイレを各自がもっているというが、やはり本物のトイレにはかなわないであろう。運転士の機関車に対する要望の上位は「トイレを付けること」だそうだから、やはり切実な悩みである。

貨物列車に「車掌」は存在するか

21世紀を迎え、旅客列車にはワンマン運転の列車が増えてきた。走行中の列車、車両に乗り組んで業務を行う乗務員は、運転操作を主として行う運転士だけとなり、従来車掌が行っていた業務は運転士が兼務するか機械によって自動的に行われる。貨物列車もワンマン化は進み、貨物運送業務に携《たずさ》わる車掌は存在しない。

ところで、かつての貨物列車における車掌の業務とはどのようなものであろうか。旅客列車と同様に車掌は貨物を取り扱うものと考えられるだろう。たとえば、途中の駅での貨物の積み卸し作業を指示、監督するとか、荷崩れのないように見回るとかといった作業だ。

しかしながら、明治時代の初期を除いて車掌がこのような業務を担当したという記録はない。駅での積み卸し作業は荷役作業の従事者、貨物の監視は駅に配属されている操車係などといった具合にそれぞれ別の担当者が行っていたからだ。

貨物列車の車掌の任務は運転業務に限られる。列車の走行状況を監視しつつ、必要な操作を行い、万一の列車事故の際には周囲の列車との衝突を防ぐべく防護に努めることが主な役割だ。

必要な操作とは、かつて行われていたブレーキ操作である。明治から大正にかけての貨物列車は、連結されたすべての車両に作動するブレーキ装置が設けられていなかった。貨物列車を止めるには、機関車がブレーキを作動させるだけでは不十分で、運転士による気笛《きてき》の合図でところどころに連結されていた「緩急車《かんきゅうしゃ》」と呼ばれる貨車でも手動でブレーキを作動させていた。この役割を担っていたのが車掌だ。

しかし、大正後期から昭和に入ってすぐの間に、日本中の貨物列車はすべて、全車両にブレーキが利く貫通《かんつう》ブレーキ装置を設けるようになる。このため、車掌の業務から走行中にブレーキを操作する業務は姿を消してしまった。

貨物列車の車掌のもう1つ大切な業務である列車の防護にはさまざまな方法があり、いずれも周囲の列車に停止信号を現示して速やかに止めることが目的となる。明治時代から採用されているのは、火炎によって停止信号を現示する発炎信号、爆音によって停止信号を現示する発雷《はつらい》信号だ。発炎信号に用いる信号炎管《えんかん》、発雷信号に用いる信号雷管《らいかん》は機関車のほか、列車の最後部に連結される車掌車または緩急車にも搭載され、万一の際には車掌が操作して後方の列車を止めていた。

後方の列車から貨物列車を防護する役割は運転士が担当してもよい。しかし、運転士は貨物列車の先頭車両に乗務するので、後方の防護のために運転士が貨物列車の最後部まで迅速に駆けつけることは困難だ。そこで、貨物列車の最後部に車掌車や緩急車を連結し、車掌を乗務させて安全を確保したのである。

時は流れ、今日では防護無線装置が整備され、列車の防護のあり方も変わった。防護無線装置とは、非常事態が発生した車両が発した緊急信号を周囲の列車が受信して列車を止める仕組みである。この装置を用いた後に改めて従来の防護措置を取ればよいので、貨物列車の最後部に車掌が乗務する必要性は薄れてしまう。

国鉄は1986(昭和61)年11月1日以降、地形の関係で防護無線が届きにくい地域を走る列車や特大貨物を運ぶ列車といった例外を除いて車掌の乗務を取りやめ、民鉄も国鉄に追随《ついずい》した。1990年代に入ると例外的に残されていたJR貨物の車掌も姿を消し、最後まで残っていた太平洋石炭販売輸送も2019(令和1)年6月30日に鉄道事業を廃止すると同時にいなくなった。

貨物列車に一般人が乗ることは可能か

本書をここまでお読みになって、貨物列車に乗ってみたいとお考えの方も多いかもしれない。貨物列車に旅客が乗った段階で「貨物列車」と呼ぶのかという問題はさておき、こうした願いをかなえてくれる鉄道事業者はまず存在しないであろう。

貨物列車に旅客を乗せてはならないという法規は特に存在しない。しかし、旅客運送を行うための基準は鉄道に関する技術上の基準を定める省令に設けてある。要約しよう。「旅客を列車に乗り降りさせるにはプラットホームを備えた駅が必要となり、旅客を乗せる車両は国土交通省が定めた客室の基準を満たすものでなくてはならない」という内容だ。

貨物列車が停車するプラットホームで旅客の乗り降りに対応している例はほぼないし、貨物を載せる貨物車で客室をもつものは当然のことながら存在しない。各地のトロッコ列車に用いられる車両のなかには貨車を改造したものも見られるが、これとて客室としての基準を満たすように改めたものであり、貨物列車に連結されている貨車ではない。

実は荷送人や荷受人であれば貨物列車に乗ることはできる。それは、貨物の付添人となることだ。鉄道事業者が管理することが困難な貨物を輸送する際、鉄道事業者は荷送人や荷受人に貨物列車への添乗《てんじょう》を求めるケースがある。このような経緯で貨物列車に乗る人を「付添人」という。

興味深い点として挙げられるのは、付添人が添乗するに当たっては鉄道事業者に付添人料を支払うという点だ。請求していない例も見られるそうだが、そのような場合も運賃に上乗せされていると見てよい。また、付添人が添乗中に貨物を管理しているときは鉄道事業者側による保管の責任は免除される。

今日、付添人が添乗している貨物列車は事実上2つに集約される。特大貨物列車（122ページ参照）と甲種輸送の貨物列車（119ページ参照）とだ。前者の場合、付添人は大物車ではなく、その隣に連結された車掌車に、後者の場合は運ばれる鉄道車両にそれぞれ乗車する。

付添人は貨物列車に添乗している間、貨物を管理する責任を果たさなくてはならない。貨物が円滑に輸送されているかどうかを監視し、荷崩れなど何か問題が生じた場合は鉄道事業者と協議して解決を図るというものだ。

甲種輸送の貨物列車のなかには運転距離が1000キロメートルを超えるものも多い。付添人は貨物列車の乗務員や駅員と交信するための無線機を携え、非常時に備えている。

貨物列車の行程は長いので、付添人は食事を摂ったり、トイレに行かなくてはならない。とはいうものの、運んでいる貨物や貨車のなかでとはいかないから、駅や操車場などに止まっている間に用を済ます。

トイレは鉄道事業者が設置したものを借りることができるが、食事の手配まで行ってはもらえない。あらかじめ、持参した弁当を食べている。

「安全・正確」な輸送を支える指令システム

JR貨物は大多数の区間で第二種鉄道事業を展開している。自前の線路をほとんどもたず、第一種鉄道事業者や第三種鉄道事業者の線路を間借りしているのだ。

自前の線路をあまりもたないだけにＪＲ貨物は何かと肩身が狭い。特に第一種鉄道事業者がＪＲ旅客会社の路線、それも大都市近郊では貨物列車は単刀直入に言って厄介者として扱われている。朝夕のラッシュ時などは旅客列車がひしめき合って運転されているうえ、人身事故などで列車ダイヤが乱れやすい。

ＪＲ旅客会社各社はまずは自社の旅客列車の運転を優先させる。貨物列車はＪＲ旅客会社の運転指令員の指示に従い、「抑止《よくし》」といって途中の停車場に臨時停車して待避することとなる。どことなくわびしい光景だ。

こうした状況でも運転士に適切に指示を出せるよう、ＪＲ貨物はカーナビゲーションシステムでおなじみの全地球測位システム（ＧＰＳ、Global Positioning System）を用いた列車位置検知システムを導入した。

機関車やＭ２５０系電車（42ページ参照）にはＧＰＳ端末が搭載され、ＧＰＳ衛星と交信することで現在の所在地を把握する。ＪＲ貨物で列車の運行を地上で管理する役割を果たす貨物指令は、衛星回線または衛星情報管理センターを経由した専用回線を通じて情報を入手し、貨物列車の所在地を正確に把握できるようになった。

今日、ＧＰＳを用いたシステムはさまざまな改良が加えられ、運転支援システム

PRANETS（Positioning system for Rail NETwork and Safety operating）へと進化を遂げ、全国の主要路線で用いられている。貨物列車の所在地に関する情報は平常時でも2分に1回程度は更新されるようになり、同時に運転士への支援機能、いわゆるナビゲーション機能も追加された。

新たな機能とは、停車場の到着予定時刻や出発予定時刻、さらには徐行箇所や電気方式の境界地点までの距離と時間などを運転室のモニター装置に表示するというものだ。GPS端末は通信衛星を通じて貨物指令が作成した行路や車両に関するデータを受け取り、GPS衛星から入手した現在の所在地の情報と照らし合わせて、目的地まであと何キロメートルとか、あと何分で次の駅に着くという具合にモニター装置に表示していく。

これまで、運転士は自らの注意力だけを頼りに運転操作を行っていたが、PRANETSの導入によって労力は大幅に緩和された。カーナビゲーションシステム同様、一度使ってみると手放せないといった声が多いという。

5章 ●「安全・正確」な運行の秘密！ 列車ダイヤと車両の運用とを探究する

貨物列車に「夜行」が多い、これだけの理由

今日の日本では定期的に運転される寝台列車はとても少なくなってしまった。いまや、毎日乗ることができる寝台列車は、東京─高松・出雲市《いずもし》間をJR東日本、JR東海、JR西日本、JR四国の各社の路線を経由して運転される特急「サンライズ瀬戸・サンライズ出雲」だけである。同様に座席車ばかりの夜行列車も定期列車は皆無で、多客期や観光シーズンに一部で運転されるにすぎない。

天《あま》の邪鬼《じゃく》な物言いで恐縮ながら、いまでも夜行列車自体は多数運転されている。ただし、旅客列車ではなく、本書がテーマとしている貨物列車でだ。夜行列車につ

いての正式な定義はない。深夜0時から明け方の午前3時までの間を通して運転される列車と仮定すると、コンテナ列車の大多数、車扱列車も多くが該当するであろう。

旅客列車ではほぼ絶滅危惧種とも言える夜行列車が、なぜ貨物列車には多いのであろうか。理由は3つ挙げられる。順に説明していこう。

まずは貨物列車が運転される距離が長いため、行程の関係で必然的に夜通し運転されるという理由だ。3章でコンテナの貨物1トン当たり平均輸送距離を767.4キロメートルと記したことを思い出していただきたい。

コンテナは通常は1本のコンテナ列車で目的地まで運ばれ、複数のコンテナ列車で輸送するケースは珍しい。従って、コンテナの平均輸送距離はコンテナ列車の平均運転距離と等しいと考えてよいであろう。そして、コンテナ列車の表定速度を時速60キロメートルとすると、平均運転時間は12時間47分ほどとなる。深夜0時から午前3時までの時間帯を外せないケースも多くなる。

もう1つは荷送人と荷受人、双方の都合を優先させるためという理由だ。たいていの場合、貨物が荷送人のもとを出発したり、荷受人のもとに到着する時間帯は日《にっ》中《ちゅう》が望ましい。言うまでもなく人間であるから、何もわざわざ人が寝ている時間帯に貨物を送ったり、受け取るといった手間をかけたくないとはだれもが思うことだ。双方が日中の時間帯に貨物を取り扱えるようにするとなると、貨物列車に載せている時間帯は必然的に夜間となる。という次第で貨物列車には夜行列車が多いのだ。

最後の理由は鉄道事業者の都合、特にJR旅客会社の事情によるものとなる。東海道線や山陽線といった大幹線の特に大都市圏内では、日中の時間帯は旅客列車が多数運転されていて、貨物列車を運転することは難しい。となると、旅客列車の運転が終わった深夜の時間帯が貨物列車の「走らせどき」となり、必然的に夜行列車となる貨物列車が増えるのだ。

コンテナ列車のスピードアップを実現させた意外な要因

JR貨物は1996（平成8）年3月16日に実施したダイヤ改正で、画期的なコンテナ列車の運転を開始した。東京貨物ターミナル駅18時55分発、福岡貨物ターミナル駅11時40分着の高速貨物列車A第8051列車、そして福岡貨物ターミナル駅16時46分発、東京貨物ターミナル駅9時37分着の高速貨物列車A第8050列車だ。

東京貨物ターミナル—福岡貨物ターミナル間は1184・8キロメートルある。第8051列車は16時間45分、第8050列車は16時間51分で結ぶので、表定《ひょうてい》速度は前者が時速70・7キロメートル、後者が時速70・3キロメートルと結構速い。実はこのダイヤ改正まで、首都圏と福岡市との間を結ぶコンテナ列車は最短でも17時間以上を要しており、約1時間ものスピードアップが達成されたのである。

到達時間の短縮は、車両の性能が向上したことによるものではない。この時点で1300トンの貨物列車を10パーミルの上り勾配において時速70キロメートルで牽《けん》引《いん》可能という直流電気機関車EF200形（すでにすべて引退）が登場していたし、コンテナ車側でもコキ100系列によって最高速度は110キロメートルにまで向上していた。にもかかわらず、コンテナ列車のスピードアップが阻まれていたのは、このころまだ東海道線や山陽線に多数の寝台列車が運転されていて、深夜とはいえ貨物列車は遠慮しながら走らなくてはならなかったからだ。

ところが、1996年3月16日の列車ダイヤ改正で東京―博多間を結んでいた臨時特急寝台列車の「あさかぜ81・82号」が廃止となり、その時刻にそっくり高速貨物列車Aを走らせることができるようになった。原則として、寝台特急列車は他の列車に遠慮して運転されるようなことはない。従って、この時刻を譲り受けた高速貨物列車Aは途中で旅客列車を待《たい》避《ひ》するようなことはなく、それどころか旅客列車を追い越してさえいくようになったのである。

1990年代の後半から2000年代にかけて、全国のJR旅客会社の主要幹線から寝台列車が次々に姿を消した。すると、その時刻に新たな高速貨物列車が設定されるケースが増える。何かと制約の多い主要幹線にあって、大きな手間をかけずに高速貨物列車を運転するには最適な方法だからだ。

さて、第8051・第8050列車とも今日は運転されていない。2021（令和3）年3月13日実施の列車ダイヤ改正で該当すると考えられるのは、東京貨物ターミナル駅23時20分発、福岡貨物ターミナル駅16時10分着の第63列車、福岡貨物ターミナル駅発が22時4分、東京貨物ターミナル駅19時42分着の第62列車だ。所要時間は第63列車が16時間50分、第62列車が21時間38分とどちらも到達時間は延びている。旅客列車の時刻に合わせて早く行くよりも、荷送人や荷受人が貨物を取り扱いやすい時間帯に合わせたようだ。

列車ダイヤが乱れたとき、どう対応しているか

日本の鉄道の1つの特徴として、列車ダイヤが正確という点が挙げられる。その理由を筆者はよく聞かれるのだが、日本人の気質というよりも、そのほうが安全だからで、列車ダイヤを守って運転しやすいように、ある程度の余裕を設けているか

らだ。

とはいうものの、貨物列車、殊《こと》にコンテナ列車の場合、運転される区間が概して長いため、途中でさまざまなトラブルに遭遇し、遅れてしまうケースがまま見られる。本稿を執筆している2021年10月のある日のJR貨物の運転状況を見ると、東北線大宮駅構内で発生した理由は不明の輸送障害、東北線岩手・宮城・福島・栃木の各県内で発生した濃霧、石勝線駒里信号場—南千歳間や山陽線厚東《ことう》—宇部《うべ》間で発生した動物と列車との接触、東海道線安城《あんじょう》駅構内で発生した理由不明の輸送障害で貨物列車が遅れているという。

最も遅れていたのは、鹿児島線の熊本駅19時55分発、東京貨物ターミナル駅20時10分着の高速貨物列車A、第1070列車だ。東京貨物ターミナル駅の到着は3時間7分遅れとなると見込まれている。

列車は定刻に到着できれば言うことはない。しかし、途中の区間で何らかの支障が生じているのであるから、「運転の抑止《よくし》」と言って適当な場所で復旧を待つほかないのだ。待機する場所は、貨物運送事業者の所有する停車場、つまり貨物を取り扱う駅であるとか信号場、操車場であれば理想的だが、なかなかそうはいかない。JR貨物の貨物列車の場合、JR旅客会社の駅の構内で長々と停車することもある。

ともあれ、晴れて差しさわりが取り除かれて線路が開通すれば、運転再開だ。JR旅客会社の路線では旅客列車の運転が優先されるものの、貨物列車もJR旅客会社の運転指令員の指示に従って終着駅を目指す。

ところで、豪雪に見舞われて除雪作業に時間を要するときなど、十数時間以上遅れることが確実と見込まれるケースも多い。そうなると、運転士をはじめ、機関車や貨車の手配は大変で途方に暮れてしまう。このようなときはどうするかというと、貨物列車を24時間遅れとか48時間遅れで運転するのだ。要するに、途中の駅で待機中の貨物列車を翌日であるとか翌々日の同じ貨物列車として走らせ、本来運転される予定であった貨物列車は運休とするのである。

あまりに長く運転が抑止されると貨物が心配だ。たとえば、冷蔵コンテナに生鮮食料品が詰められていた場合、目的地に無事に着いたとしても、腐ってしまって商品としての価値がなくなってしまえば輸送した意味がない。そのような取り扱い方法ももちろん検討されている。次項で紹介しよう。

定刻どおりに到着しない荷物はどう扱われるか

途中の区間で支障が発生して、長時間不通となったとき、貨物列車は復旧まで適当な場所で待機すると前項で述べた。ところが、このような取り扱いは単に鉄道事業者の都合であり、荷送人《におくりにん》や荷受人《にうけにん》の意向は反映されていない。別の交通手段を用いてもよいから、できる限り早く荷送人のもとに届けてほしいのかもしれないし、輸送しなくてもよいから貨物を返してほしいと荷送人は考えるかもしれない。

いま挙げたような荷送人、荷受人の希望にこたえるべく、JR貨物はさまざまな方策を採り入れている。貨物列車が待機している場所にもよるが、荷役が可能な貨物の取り扱い駅に停車しているのであれば、貨車から貨物を卸してしまう。そして次に挙げる2つの選択肢から荷送人、荷受人に選んでもらい、その後の取り扱いを行う。目的地まで貨物を輸送することを選択した場合、他の交通機関を用いる。トラックに積んで運ぶケースが多いが、距離が長いときには港までトラックで輸送し、船に載せ替えるか、またはフェリーでトラックごと運んでしまう。

JR貨物は不通区間の発生に備え、2区間の航路を所有している。舞鶴《まいづる》港―小樽港間と神戸港―大分港間だ。前者は北陸、IRいしかわ鉄道、あいの風とやま鉄道、日本海ひすいライン、信越、白新《はくしん》、羽越《うえつ》、奥羽《おうう》、津軽、海峡、道南いさりび鉄道の各線、後者は山陽、鹿児島、日豊《にっぽう》の各線が不通となった際に備えての代行輸送ルートである。

海運業者とはいえ、ＪＲ貨物は船舶を所有していない。自らは輸送手段をもたない第二種貨物利用運送事業（内航海運）の認可を得て、舞鶴港—小樽港間では新日本海フェリー、神戸港—大分港間ではフェリーさんふらわあがそれぞれ所有する船舶に鉄道コンテナを積み込んで輸送する。具体的には、港までトラックで運ばれたＪＲ貨物の鉄道コンテナはトラックから卸され、船舶の船倉《せんそう》に直接搭載される。フェリーという社名に反し、トラックが一緒に航送されることはない。航送料金がばかにならないからだ。

貨物列車が始発駅に比較的近い場所で運転を抑止されているときには、貨物を荷送人のもとへ戻す措置も行われる。もともと距離はそう長くはないから、貨物取り扱い駅で貨車から卸された貨物はトラックで荷送人のもとへと向かう。

貨物列車の始発地、終着地は駅だけではない

大多数の貨物列車は駅が始発地または終着地となっていて、駅で貨物の積み卸しを行うというのが標準的な輸送形態だ。ところが、一部のコンテナ列車であるとか車扱列車のなかには、荷送人や荷受人の敷地内を始発地または終着地とするものも見られる。

荷送人が製造した製品を発送する場合や原材料を荷受人の工場に搬入するといった場合、駅で貨物の積み卸しを行い、トラックを介して荷送人や荷受人との間を輸送するのは効率が悪い。そこで、荷送人や荷受人は専用鉄道や専用側線と呼ばれる自家用の線路を敷いて、そのまま貨物列車を乗り入れさせているのだ。

いま挙げた取り扱い方法は車扱《しゃあつかい》列車（96ページ参照）ではむしろ一般的である。規模の大きな専用鉄道、専用側線となると、ディーゼル機関車を荷送人、荷受人は用意して、自らの敷地と駅との間で貨車を移動させることも珍しくない。

さすがにコンテナ列車となると専用鉄道や専用側線に乗り入れるほうがまれとなる。筆者が探した限りでは、コンテナ列車のすべての貨車の始発地または終着地が駅ではないという例はさすがに見つからなかった。しかし、駅を始発地または終着地としないコンテナ車が途中でほかのコンテナ車と連結されたり、切り離されたりして、1つのコンテナ列車となる例であれば名古屋臨海鉄道に存在する。名古屋臨海鉄道南港《なんこう》線に1日2本運転されている東港《とうこう》駅発、名古屋南貨物駅行きのコンテナ列車は、途中の「新日鉄」という恐らくはどこかの駅の構内かまたは信号場で停車し、コンテナ車を切り離すことがあるという。いっぽう、同じ南港線で1日1本運転されている名古屋南貨物駅発、東港駅行きのコンテナ列車もやはり「新日鉄」でコンテナ車を連結することが見られるそうだ。

「新日鉄」なる場所で連結されたり、切り離されたコンテナ車はどこへ行くのであろうか。それは、西側に隣接して建てられている日本製鉄の名古屋製鉄所である。名古屋製鉄所との間でやり取りされるコンテナを、トラックではなく、専用側線を介して運んでいるのだ。

機関車はどのように運用されるか

ＪＲ貨物、民鉄を問わず、鉄道事業者が機関車を使用する方法に大差はない。1つの車両基地に配置し、車両の運用計画に沿って運転するのだ。車両の運用計画とは、あらかじめ定められた順序どおりに車両を用いるための計画を指す。これはなにも貨物列車を牽引する機関車に限らない。旅客列車に用いる車両すべてに当てはまる。

貨物運送を実施し、なおかつ機関車を保有している鉄道事業者のうち、ＪＲ貨物以外の各社では機関車の運用計画は比較的単純だ。貨物列車の本数もあまりなければ、運転区間も短いため、必要とされる機関車の両数も少ないからである。このような場合、運用計画とは、機関車が配置先の車両基地を朝に出庫し、貨物列車の牽引を担当、夕刻には再び車両基地に戻るという形態を繰り返す。

ところが、JR貨物の機関車の運用計画は、いま挙げた鉄道事業者は当然のこと、旅客運送を実施している鉄道事業者と比較しても複雑でなおかつ規模が大きい。概して貨物列車の運転区間は長いから、必然的に機関車も長距離、長時間にわたって牽引を担当することとなる。

従って、朝車両基地を出庫して夕刻には帰庫できる運用計画のほうが少ない。配置先ではない車両基地、さらには駅などで休息を取り、何日か経過した後に配置されている車両基地に戻る。本来であれば、日常的な検査や燃料の補給、空転を避けるためにまく砂の補給などは配置されている車両基地で実施するのだが、何日も戻ることができない場合には他の車両基地でも受け持つのだ。

重連運転を行う機関車は、どのように運用されるか

貨物輸送に従事する機関車ならではの運用計画として、総括制御による運転を挙げておこう。前章で紹介した重連での運転は、2両の機関車を1組とした車両の運用計画が立てられるのか、それとも一両一両別々に車両の運用計画が立てられるのか気になるであろう。

結論から言うと、1両ごとに車両の運用計画が立てられている。重連の機関車の先頭側に連結されて運転士が乗務したり、その反対に重連の機関車の貨車側に連結されて先頭側の機関車から制御されて走行するというように、車両の運用表に記載されているのだ。

JR貨物でただ1つ、定期的に重連での運転を行っている愛知機関区のEF64形直流電気機関車の車両の運用を例に説明しよう。EF64形は東海道線の稲沢《いなざわ》駅と篠《しの》ノ井《い》線の南松本駅との間で重連となる。途中の中央線には最も急なところで25パーミルという勾配区間が存在するからだ。この区間で運転されている定期運転の貨物列車のうち、コンテナ列車1往復を除き、石油タンク列車2往復が重連での運転となる。

車両の運用計画で1日分または1回分の運行計画を「仕業《しぎょう》」という。愛知機関区所属のEF64形には51～58、61～68、91～94の20仕業があり、35両が配置されているEF64形はフル稼働に近い状態で使用されている。さて、2仕業目となる第53仕業を見ると、まずは稲沢駅13時30分発、南松本駅19時30分着となる専用貨物列車Aの第5282～第5875列車を牽引するとあった。見ると総括制御を行うと記されている。

この列車をもう一度牽引する仕業が存在するはずだ。探すと10仕業目の第62仕業で第5282～第5875列車を牽引するという。この仕業では総括制御を行うことはもちろん、本務機の次位に連結すると記されていた。つまりは先頭の機関車の次、そして貨車の隣に連結されていることがわかる。さらには、第62仕業では運転士は乗務しない。

以上のような次第で重連を行う機関車の運用計画は立てられている。JR貨物をはじめ貨物運送事業を行う民鉄各社とも鉄道のプロであるから、車両の運用計画の作成を間違えて、本来は重連としなければならないのに、機関車が存在しないといった不手際はもちろん起こらない。

かつては機関車を重連とするために連結しようとしたところ、電線をつなげなかったという事例も起こった。電線どうしを結ぶ電気連結器の位置が車両の端部《たんぶ》の左右どちらかにしか取り付けられていない場合、車両の向きによっては連結できなくなるのだ。EF64形の場合、連結しないで運転したとしても、途中で車両の向きが変わることはない。また、電気連結器を車端部の両側に付けているので、車両の向きが変わっても心配はない。

貨車はどのように運用されるか

貨車の一両一両にも車両の運用計画が立てられている。ただし、コンテナ列車用のコンテナ車と車扱貨物列車用の貨車とでは、車両の運用計画はずいぶん違う。

順番は逆だが、まずは簡単な後者から説明したい。車扱貨物列車用の貨車は輸送する品目が一定しているうえ、貨物の積み卸しを行う駅も固定されている。従って、こうした貨車は決められた駅で貨物を積み、貨物を卸した後は貨物を積載した駅まで返却されるという行程を繰り返す運用計画を立てればよい。なお、大多数の貨車は車両基地に配置されていない。

では、どこに置いておくかというと、駅の側線である。貨車は動力車である機関車とは異なり、日常の検査に検修庫《けんしゅうこ》といった大がかりな施設が必要ないため、単に車両を留め置くための線路に止めておけばよいからだ。車扱貨物列車用の貨車はいつもどの駅にいるかが決められていて、そのような駅を「常備駅」という。

コンテナ車は原則として全国共通運用となっている。どういうことかというと、すべてのコンテナ車はすべてのコンテナ列車に連結されて運用されるという意味だ。ならば、運用計画は存在しないのかというとそうではない。とても複雑で、搭載可能なコンテナの種類や個数別にグループ分けされて1両ごとに運用計画が作成されるという。

具体的な車両の運用計画は高速貨物列車の停車駅ごとにつくられる。該当する駅に何というコンテナ列車でやって来て、次はいつ、どこへ向けて出発していくのかが一覧表となっているのだ。停車駅ごとにコンテナ車がどのような状況で何両用いられているのかが示されているため、コンテナ列車に連結されるコンテナ車を増減させたり、検査を受けるコンテナ車を運用から外したりといった作業をどの駅で行えばよいのかもすぐに判明する。

車扱貨物列車用の貨車とは異なり、コンテナ車には常備駅が指定されていない。つまり、1カ所の配置場所ではなく、あまたある停車駅ごとに分散して管理されているのだ。一見、膨大な作業を要すると思われるのだが、数が多く、複雑に運転されているコンテナ車を管理するにはかえって都合がよい。

コンテナ車の運用計画だけでは、コンテナ車が最初にどの駅から運用に就くのかがわからないから、列車ごとの運行状況を図に表した「コンテナ車運行図表」も作成する。この表は、編成を組んだ貨車が運転を開始してから、いくつかの高速貨物列車に用いられた後に、運転を開始した駅に戻ってくるまでの様子を図式化したものだ。

ところで、先に検査を受けるコンテナ車を運用から外すと記したが、この作業には大変な手間を要する。コンテナ列車が終着となる駅またはその近くに検査を実施可能な施設が常にあるとは限らないため、駅では検査期限が迫ったコンテナ車を最寄りの検査可能な駅や施設まで回送しなければならない。

それに、コンテナ列車はしばしば遅れるので、終着となる駅に到着した時点で検査期限を過ぎていた――つまり車検切れの状態で走ってしまう可能性も考慮する必要がある。

ＪＲ貨物はコンテナ列車ごとに「責任日数」といって、いわばコンテナ車を拘束《こうそく》する期間を定め、設定された責任日数よりも先に検査日が到来《とうらい》するコンテナ車しか運用に充当させない制度を設けた。仮に今日が1月1日で、責任日数が10日のコンテナ列車であったとしよう。1月1日発のコンテナ列車に使用できるのは、検査日が1月12日以降のコンテナ車に限られる。

コンテナ車が受ける検査のうち、運用から外して施《ほどこ》される検査は85日ごとの交番検査、30カ月ごとの交番検査（指定取替）、60カ月ごとの全般検査と結構多い。特に交番検査のサイクルは短いため、あっという間に検査期限を迎えてしまう。コンテナ車の運用は行き当たりばったりに近いので、いつどこで検査を受けるべきかも、どの駅で運用から外すかもコンテナ列車が到着してみないとわからないという状況であった。

ＪＲ貨物は全国１１２カ所にあるコンテナ取り扱い駅のうち、検査指定駅と呼ばれる36駅に対し、検査期限の近づいたコンテナ車を運用から外すかどうかを判断させている。従来はこの判断を各駅の担当者に任せていたが、検査施設の検査修繕《しゅうぜん》能力といった条件は加味されず、検査施設では計画的な作業が行われているとはいえなかったのだ。

このような状況を改めるため、ＪＲ貨物は２０１５（平成27）年３月にＣＣＯＭＡＳ（Container Car Operation MAanagement System。貨車運用管理システム）と呼ばれるコンピューターシステムを導入した。ＣＣＯＭＡＳは検査施設の作業状況も管理しているため、検査修繕能力に余裕があれば、検査期限までまだ日数のあるコンテナ車も検査に入れるように指示を出す。

ＪＲ貨物によると、ＣＣＯＭＡＳによって検査指定駅で予備として待機させるコンテナ車の数が削減でき、コンテナ車の運用効率が向上したという。将来はＡＩ（人工知能）によってコンテナ車の運用を完全にコンピューター任せにできる日が訪れるのかもしれない。

膨大な数があるＪＲコンテナは、どう運用されているか

コンテナのうち、どのような荷送人でも使用可能な汎用《はんよう》型のＪＲコンテナにも運用計画が作成される。ただし、膨大な数のコンテナの一つひとつに詳細な運用計画をつくることは不可能なので、「全国共通運用制」と呼ばれる方法で輸送される点が特徴だ。

具体的に説明しよう。ＪＲコンテナを用途別に分類し、過去のデータから高速貨物列車の停車駅ごとに何個のＪＲコンテナが必要となるのかを算定する。個数が判明したら、予備を含めて一定数の空のＪＲコンテナを停車駅に配っていく。

とはいうものの、配分したＪＲコンテナの個数と、実際に必要となるＪＲコンテナの個数とがすべての駅で一致することはまずない。ある駅ではコンテナが不足し、またある駅ではコンテナが余ることがしばしばだ。こうした事態に対処するため、すべての停車駅に対し、深夜０時現在で空のＪＲコンテナが何個あるのかを報告させ、事前の算定よりも足りなければ、余っている駅からＪＲコンテナを発送するように指示を出す。

空のJRコンテナはコンテナ車に載せ、コンテナ列車で送る方法が一般的だ。というのも、空のコンテナというのは貨物を発送するよりも到着するほうが多い駅にたまっていくからである。従って、このような駅から出発するコンテナ列車のコンテナ車はコンテナを搭載していないことが多く、空のコンテナを発送するには好都合だ。もちろん、コンテナを運ぶコンテナ車が手配できなければトラックを用いるほかない。

運転士の勤務体制は、どのように定められているか

よくある誤解とは、「貨物列車の運転士は始発地から終着地まで通して乗務しているのではないか」という点だ。もちろん、そのような貨物列車も多い。しかし、運転距離が100~200キロメートル程度の貨物列車に限られる。東京貨物ターミナル—福岡貨物ターミナル間1184・8キロメートルで運転される貨物列車を例に取ると、運転士が1人で乗務し続けることなどあり得ない。

理由の1つは運転士の疲労を軽減するためである。首都圏と福岡市との間の貨物列車の運転時間は最短でも16時間余りだ。まさにこれだけの時間、人間が休憩もなしに運転し続けることなどできない。そこで、途中の拠点となる駅で運転士を交代

させている。

もう1つの理由は、運転士が所属する機関区等からあまりに離れた場所に行ってしまうと宿泊勤務が生じて不経済となるという点だ。運転士を適宜《てきぎ》交代させ、極力その日のうちに所属する機関区などに運転士が戻ることができれば好都合だ。日常の勤務の範囲内に収まるので、基本的には特別な手当は生じない。けれども、貨物列車の本数は区間によって偏りがある。上り下りで同じとは限らない。

このような場合は、貨物列車に対して運転士が多い場合は機関車に2人乗せ、1人は添乗《てんじょう》という名目《めいもく》で所属する機関区であるとか、次の仕事場所へと移動する。

では、ダイヤが乱れて大幅な遅れが生じたとき、何時間にもわたって貨物列車の運転が抑止されてどこかの駅で待機しなければならなくなったらどうするのであろうか。

基本的にはいつ運転が再開されるかはわからないので、機関車のなかで待機する。とはいうものの、48時間抑止と決まった貨物列車の機関車に運転士が乗り続けていることはない。目安としては30分前、出発する時間が近づいたら機関車に乗り込む。

問題はいつ動き出せるかわからない貨物列車の場合だ。少々、酷《こく》ながら待ち続けなければならない。ただし、あまりに長い時間となったら、交代の運転士がやって来て、機関車の外に出られることもある。機関車までの交通機関は旅客列車が運転されていれば、一般の旅客に交じって乗るし、そうでなければ自動車で向かうこともある。

定刻よりも早く出発する貨物列車がある!

『JR貨物時刻表』には、JR貨物と関連の深い各地の臨海鉄道の貨物列車の時刻も掲載されている。これらの貨物列車を見学しようと、臨海鉄道の沿線に実際に赴《おもむ》くと、結構高い確率で貨物列車に出合えない。貨物列車が遅れていたり、運休となるケースはそれこそまれだ。そうではなく、貨物列車が掲載されている時刻よりも早く行ってしまうのだ。

臨海鉄道の貨物列車で定刻よりも早く出発するものはある程度決まっている。それは、臨海鉄道内の駅を始発地とし、JR貨物の路線へと乗り入れていく貨物列車だ。こうした貨物列車のなかには、臨海鉄道内の途中の駅で貨車を連結する作業を予定しているものも多い。作業の遅れでJR貨物の路線へ乗り入れる時間に間に合わなくなってはならないと、大まかに言って少なくとも5分前、早いときには数十分も早く出発してしまうのだ。

列車ダイヤどおりに運転しなければならないのはやまやまだが、列車の本数が少ない臨海鉄道ではあまり大きな問題は起こらない。貨物列車の速度も時速30キロメートル程度だから、列車ダイヤを守らないで走っても列車衝突事故は回避しやすいし、万一起こったとしても被害は軽微に抑えられる。

元来、貨物列車は列車ダイヤよりも早く出発することで定時どおりの運転を実施するという矛盾するような方法がとられてきた。今日のＪＲ貨物の貨物列車は列車ダイヤどおりに運転されるか、それとも遅れて運転されるかの2通りしかない。だが、１９００（明治33）年10月1日から１９６５（昭和40）年7月14日までの約65年間、ＪＲの前身の国有鉄道や国鉄では貨物列車が列車ダイヤに定められた時刻よりも5分早く出発して運転することが認められていた。途中駅での貨物の荷役に時間がかかるため、貨物列車に遅延が生じやすかったからだ。

しかし、列車が運転されている間に軌道や架線などのメンテナンスを行う人たちにとってはまさに命がけとなる。作業を始めようとしたら、定刻よりも早く列車がやって来てはねられそうになるといったインシデントが頻発し、実際に事故も起こっていたというから、目も当てられない。

貨物列車にも「土休日ダイヤ」が存在するか

旅客列車と同じように、JR貨物の貨物列車には平日ダイヤと土休日ダイヤというものが存在する。人々が勤務に就いている平日ではやはり取り扱われる貨物の量が増えるし、いっぽうで土休日では減るからだ。

考えてみれば当たり前の点を踏まえて『JR貨物時刻表』をいま一度見てみよう。「土・日曜日運休」とか「日曜日運休」という列車は確かに多い。そうしたなか、「月曜日運休」という貨物列車も目に付く。旅客列車ではこのようなケースはまず見られないので不思議に思われる。

貨物列車が月曜日に運休する理由として考えられるのは2点だ。1つは夜行列車として運転されるため、始発地となる駅を出発する時点での曜日は、実は日曜日であったというものである。そしてもう1つは、日曜日に貨物列車が運休となったので、その貨物列車に使用していた貨車を充当する貨物列車を翌日の月曜日に運転できなくなったという理由から生じたものだ。

さらにもう1つ、貨物列車が旅客列車と異なる点を挙げておこう。それは、貨物列車がある一定の期間だけ運転されたり、または運転されなくなるケースが多いという点である。年末年始や旧盆、ゴールデンウィークといった時期、帰省客やレジャー客で旅客列車はごった返す。

そのいっぽうで、貨物列車の場合は貨物を発送したいとか受け取りたいと考える企業の多くが休みとなるため、あまり運転されない。『ＪＲ貨物時刻表』にはその点は掲載されていないものの、ＪＲ貨物は自社のＷＥＢサイトにニュースリリースを出して告知することもある。

一例として挙げると、ＪＲ貨物は２０１８（平成30）年4月28日から5月7日までの大型連休の9日間に多数のコンテナ列車を運休とし、延《の》べ６１１本を運転すると発表した。１日当たりでは68本となり、本来は定期運転のコンテナ列車は１日３６１本であるので、18・８パーセント分しか運転されない。残る81・２パーセントに及ぶ１日当たり２９３本のコンテナ列車は運休となったのだ。

季節によって運転される貨物列車もある。たとえば、石油タンク列車は冬季に暖房需要が高まると多数の臨時列車が運転され、暑い夏には逆に運休となる列車も増えていく。

北海道で宗谷線の北旭川駅と石北線の北見《きたみ》駅との間を結ぶコンテナ列車は、例年8月から翌年の4月ごろにかけて3往復が運転されている。北見駅から積み込まれるコンテナの中身の都合であるからで、その中身とはタマネギだ。タマネギが収穫される時期には運転され、そうでない時期には運転されていないのだ。

6章 貨物駅・施設を探究する

●貨物輸送の要衝には驚きの設備が！

旅客駅と貨物駅とには、どんな違いがあるか

駅は鉄道にとって最も重要な施設の1つだ。旅客の乗降や貨物の積み卸しは原則として駅でなければできない。国土交通省は貨物を取り扱う駅に対し、貨物積卸場を設置することとした基準を定めている。

全国に貨物を取り扱う駅はどれだけあるのだろうか。普段は貨物の積み卸しが行われない駅まで含めると、**表9**のとおり2019（平成31）年3月31日現在で323駅となる。同じ日現在でJRには4763駅、民鉄には5226駅の合わせて9989駅が開設されているという。従って、貨物を取り扱う駅の割合はわずか3・

表9　貨物運送を行っている鉄道事業者と駅（2019年3月31日現在）

	鉄道事業者名	国土交通省に届け出た駅の数	貨物列車に関係のある駅	JR貨物と重複する駅
1	JR貨物	246	246	
2	太平洋石炭販売輸送	2	2	
3	八戸臨海鉄道	2	2	八戸貨物駅
4	岩手開発鉄道	5	5	
5	仙台臨海鉄道	0	5	陸前山王駅
6	福島臨海鉄道	2	2	泉駅
7	秋田臨海鉄道	4	4	秋田港駅
8	黒部峡谷鉄道	10	1	
9	鹿島臨海鉄道	15	3	
10	秩父鉄道	37	5	
11	京葉臨海鉄道	9	9	
12	神奈川臨海鉄道	0	7	川崎貨物駅、根岸駅
13	名古屋鉄道	276	2	
15	大井川鐵道	33	9	
16	三岐鉄道	29	3	富田（とみだ）駅
17	西濃鉄道	3	3	美濃赤坂駅
18	名古屋臨海鉄道	8	8	笠寺駅
19	衣浦臨海鉄道	2	2	
20	水島臨海鉄道	12	5	
	合計	695	323	

注：太平洋石炭販売輸送、秋田臨海鉄道は鉄道事業を廃止した。仙台臨海鉄道には実際には陸前山王、仙台港、仙台北港、仙台埠頭、仙台西港の5駅が、神奈川臨海鉄道には川崎貨物、末広町、浮島町、千鳥町、根岸、横浜本牧、本牧埠頭の7駅が開設されている
出典：『平成30年度鉄道統計年報』（国土交通省、2021年3月）、『2021JR貨物時刻表』（鉄道貨物協会、2021年3月）。黒部峡谷鉄道と大井川鐵道は筆者調査

2パーセントにすぎない。

貨物列車が発着する駅は、コンテナ取扱駅と車扱貨物取扱駅、コンテナと車扱貨物と双方の取扱駅の3つに分類することができる。どの形態の駅にも言えることは、旅客を取り扱う駅とは異なり、複雑な構造をもっているという点だ。旅客駅の場合、列車はプラットホームに面した線路に発着し、始発・終着となる列車が運転されている駅などでは折り返しのための引《ひき》上線《あげせん》や留置線が併設されて

いる程度である。

いっぽうで貨物列車に積載されている貨物は自分では動くことができないうえ、動力を生じさせる装置のない貨車を自由自在に移動させることは難しい。このため、荷役《にやく》設備を用いた積み卸し作業が必要不可欠となり、また、構内にはさまざまな目的をもった線路が多数敷かれている。

貨物列車が駅に到着し、出発していく手順は複雑だ。まず、貨物列車は着発線に停車する。通常、着発線は貨物積卸場には面していない。着発線はこれから行われる貨物の積み卸しに備える場所だ。貨物を卸す貨車を切り離したり、あるいは機関車の交換といった

JR貨物常磐線の隅田川駅。写真に見える5組の線路のうち、右側の3線は着発線、その左の1線は荷役線、左端の1本は機関車用の留置線だ。荷役線が接する貨物積卸場には荷役用のフォークリフトが駆け回る（撮影：梅原 淳）

作業はここで行われる。機関車を交換する理由は多くの貨物駅ではプラットホームや貨物積卸場に面した線路が電化されていないからだ。経済的な理由もあるが、それよりも、架線があると貨物の積み卸し作業の邪魔になってしまうのである。

着発線で準備が整えられた貨物列車は入換用の機関車などによって荷役線へと移動していく。荷役線は貨物積卸場に面しており、ここで貨物が卸される。荷役線の傍らには貨物の積み卸しを進めるためにさまざまな荷役設備が用意されており、駅としての目的を果たす。

貨物を卸した貨車は仕訳線《しわけせん》または留置線《りゅうちせん》と呼ばれる線路に移動される。仕訳線とは1両単位の貨車を行先別に連結して1本の列車に仕立てる作業を実施する線路を指す。いっぽう、留置線とは言うまでもなく、車両を留め置く線路だ。

仕訳線や留置線で過ごした貨車は出発が近づくと再度荷役線へと戻り、ここで新たな貨物が積み込まれる。積載が完了すると着発線に移動し、駅での入換用の機関車から貨物列車として運転する際に使用する機関車へと付け替えられて目的地を目指す。

荷役に用いられる設備には、どんな種類があるか

貨物列車に貨物を載せたり、卸したりするためには人や機械の力が必要だ。このため、貨物列車が停車する駅の貨物積卸場には「荷役設備」といって貨物の積み卸しに必要な機械が備え付けられている。この点がプラットホームさえ設けておけば基本的に自らの力で乗り降りしてくれる旅客輸送とは異なるところであり、鉄道による貨物輸送最大の特徴と言ってもよい。

荷役設備や機械は貨物列車の種類によってさまざまだ。まずはコンテナ列車から見ていこう。

JR貨物がコンテナ列車の荷役で用いる機械は2つある。フォークリフト、トップリフターだ。フォークリフトについては改めて説明するまでもないであろう。食事に用いるフォーク状の鉄板をもち、この鉄板をコンテナの下部に挿入して持ち上げることで荷役を実施する。フォークリフトは運転者の操作によって自ら移動することも可能だ。このため、トラックからコンテナを卸し、そのコンテナを今度は貨車が停車しているコンテナホームまで運んで所定の場所に載せるという一連の作業をてきぱきとこなしていく。

JR貨物や臨海鉄道のコンテナ取扱駅の大多数に配備されており、最大扱い質量は12フィート級のコンテナで8トンまでのものと、20フィート級のコンテナで15トンまでのものとの2種類に分けられる。また、市販のフォークリフトと同じ標準仕様のもののほか、特殊な仕様をもつフォークリフトも多い。これらは寒冷地《かんれいち》仕様、架線下《かせんした》仕様、防音仕様、架線下・防音仕様だ。

寒冷地仕様と防音仕様とについては特に説明する必要はないだろう。架線下仕様とは、架線の張られた着発線での荷役が行えるよう、コンテナを持ち上げても架線に接触しないように上昇可能な高さに制限を施《ほどこ》したフォークリフトである。

トップリフターもフォークリフト同様、コンテナを持ち上げたり、移動させることが可能な機械だ。ただし、トップリフターはコンテナを持ち上げる際には上からつかむ。フォークリフトよりも安定するために30フィート級や40フィート級といった質量の大きなコンテナでも安全かつ円滑に積み卸すことができる。

トップリフターの種類を最大扱い質量ごとに分けると、20フィート級または30フィート級のコンテナ用で20トンまでのもの、20フィート級または30フィート級のコンテナ用で24トンまでのもの、20フィート級または30フィート級、40フィート級のコンテナで35トンまでのものの3種類となる。また、標準仕様のほか、架線下仕様のものがあり、後者はフォークリフトと同じく着発線での荷役を担う。

車扱貨物列車のうち、タンク車の荷役には大がかりな装置が必要となる。最も一般的な石油製品の荷役を取り上げてみよう。

積載する際にはタンク車の上部に設けられたマンホールを開け、ここにローディングアームと呼ばれるホースを差し込んで石油製品を載せていく。いっぽう、石油製品を卸す際にはタンク車から線路脇あるいは線路の下に設けられた大型タンクに移す。タンク車の下部にある放油管と呼ばれるホースを大型タンクに接続して荷役を行うのだ。

石炭車やホッパ車、鉱石車の荷役は、上から積んで、下から卸すという点でタンク車に似ている。積載時にはベルトコンベアが用いられるほか、貨物を一気に貨車へと落とすシュートと呼ばれる装置、移動可能なシュートともいえるクレーンなども用いて積み込む。卸す際には線路脇や線路下に設けられた収納スペースに向けて貨車の側面あるいは下側に設けられたふたを開けて貨物を落とす。

いまや少数派となったが、有蓋車《ゆうがいしゃ》や無蓋車《むがいしゃ》、長物車《ながものしゃ》、大物車《おおものしゃ》での荷役は少々手間を要する。パレットに載せることのできる貨物はフォークリフトを用いて積み卸しが可能だが、そうでない貨物となると、ベルトコンベアやクレーンの出番だ。一つひとつの貨物の質量が軽い場合には人力に頼るケースも見られるほどだ。

途中駅で停車した貨物列車では何が行われているか

『JR貨物時刻表』を見ると、コンテナ列車、車扱列車とも途中で多数の駅に停車している。このとき行っているのは主として貨物の積み卸しだ。ところが、時刻がカッコで囲まれて表記されている駅では荷役は行われない。何かというと、運転士の交代や機関車の交換、旅客列車の待避、列車どうしの行き違いなど、運転上の都合によるものだ。

貨物の積み卸し作業は結構大変な作業となる。コンテナ列車と車扱列車とのうち、まずは説明しやすい車扱列車から述べていこう。

基本的に車扱列車の場合、始発地で貨物を貨車に載せたら、終着地まで卸さない。終着地に近い駅で貨物を卸す必要があれば、途中駅着となる貨車を切り離し、貨物を卸す。

コンテナ列車の場合は多数の方法が採られる。まず、コンテナ車単位で操作する場合だ。途中駅ではコンテナを載せたコンテナ車を連結したり、または切り離す。作業は仕訳《しわけ》線で行われ、駅によっては着発線で実施するケースも見られる。貨車は自分の力で動くことができないので、連結にしろ、切り離しにしろ入換用の機関車が必要となるため、停車時間は旅客列車のように数十秒から数分間とはいかない。少なくとも十数分は要し、おおむね30分から45分程度と見ておけばよいであろう。途中駅に停車してコンテナ車にコンテナを載せたり、卸したりと、直接コンテナを取り扱う方法もよく見られる。こちらはさらに大がかりになりがちだ。

本章の最初の項で記したとおり、着発線に到着したコンテナ列車の機関車を交換するなどして荷役線に入れ、コンテナの積み卸しを行う。その後、仕訳線へと移動させて入換用から通常の運転用の機関車へと交換して出発していく。停車時間は長くなりがちで、30分なら短いほうだ。標準で1時間程度、さらに時間を要するコンテナ列車も見られる。

さて、途中駅で直接コンテナを取り扱って荷役を行うと停車時間も長くなり、コンテナ列車のスピードアップは果たせない。何とか荷役に要する時間を短くできないかと検討された結果、JR貨物はコンテナ列車の荷役を着発線で実施する方式を開発した。

着発線で荷役を行うため、線路の傍らには貨物積卸設備が用意され、コンテナ列車の到着とともにフォークリフトなどが駆けつけてただちに荷役が始まる。だが、

表10 E&S方式の駅

	線名	駅名	着発線の電化方式
1	根室線	釧路貨物	非電化
2	室蘭線	東室蘭	交流2万V・50Hz
3		苫小牧貨物	交流2万V・50Hz
4	青い森鉄道青い森鉄道線	八戸貨物	交流2万V・50Hz
5	奥羽線	秋田貨物	交流2万V・50Hz
6	東北線	郡山貨物ターミナル	交流2万V・50Hz
7	常磐線	土浦	交流2万V・50Hz
8	東海道線	川崎貨物	直流1500V
9		横浜羽沢	直流1500V
10		静岡貨物	直流1500V
11		岐阜貨物ターミナル	直流1500V
12	信越線	南長岡	直流1500V
13	白新線	新潟貨物ターミナル	直流1500V
14	あいの風とやま鉄道あいの風とやま鉄道線	富山貨物	交流2万V・60Hz
15		高岡貨物	交流2万V・60Hz
16	IRいしかわ鉄道IRいしかわ鉄道線	金沢貨物ターミナル	交流2万V・60Hz
17	東海道線	京都貨物	直流1500V
18		吹田貨物ターミナル	直流1500V
19	桜島線	安治川口	直流1500V
20	関西線	百済貨物ターミナル	直流1500V
21	山陽線	神戸貨物ターミナル	直流1500V
22		姫路貨物	直流1500V
23		岡山貨物ターミナル	直流1500V
24		広島貨物ターミナル	直流1500V
25		新南陽	直流1500V
26	予讃線	高松貨物ターミナル	直流1500V
27	鹿児島線	北九州貨物ターミナル	交流2万V・60Hz
28		鳥栖貨物ターミナル	交流2万V・60Hz
29		熊本	交流2万V・60Hz
30		八代	交流2万V・60Hz

注:駅は、地方ごとに原則として北から並べた
出典:『2021JR貨物時刻表』(鉄道貨物協会、2021年3月)

電化区間ではフォークリフトなどでコンテナを積み卸す際にコンテナが誤って架線に触れてしまっては大変危険だ。そこで、荷役作業の前にあらかじめ着発線の架線への送電を止める。

着発線で荷役作業を行う方式をＪＲ貨物はＥ＆Ｓ（Effective Speedy container handling system）と呼ぶ。２０２１（令和３）年３月13日現在、Ｅ＆Ｓ方式は205ページの**表10**に挙げた30駅で採用されている。

Ｅ＆Ｓ方式のおかげで、コンテナ貨物列車の停車時間は大幅に短縮された。一例を挙げると、東海道線の静岡貨物駅では荷役を行うコンテナ列車中、最も短い停車時間は16分だ。

貨物駅に欠かせない車両「入換動車」

国土交通省の統計とＪＲ貨物の発表とでは、ディーゼル機関車の両数が食い違うことはまま見られる。両者の集計日が若干異なる点を踏まえたうえで、国土交通省の２０１９（平成31）年３月31日現在での集計では１９１両、ＪＲ貨物の２０１９年１月15日現在での集計で１５４両と、ディーゼル機関車の両数には37両もの差が生じている。１５４両しか在籍していなかったディーゼル機関車を１カ月半ほどの間に37両新たに製造して191両に増やしたということではもちろんない。

これだけの差は、入換動車という小形のディーゼル機関車によって生じている。入換動車について、国土交通省は含め、JR貨物は含まないでそれぞれ集計した結果、いま挙げた食い違いが生じた。

JR貨物は貨車の入換用として、DE10形やDE11形、DD200形、HD300形という大形のディーゼル機関車を所有していて、同社はディーゼル機関車の両数に含めている。ちなみに、2021（令和3）年1月27日現在の新しいデータではDE10形は35両、DE11形は5両、DD200形は10両、HD300形39両の合わせて89両となかなかの勢力だ。

いま挙げたディーゼル機関車も貨物取り扱い駅などで貨車の入換に従事しているが、率直に言って入換用のディーゼル機関車はまだ足りない。**表9**（197ページ参照）でJR貨物には貨物列車に関係のある駅が246駅あると記した。すべての駅で貨車の入換を行うとは限らないものの、JR貨物によれば2019年3月13日現在でコンテナを取り扱う駅が136駅あるというから、各駅に入換用のディーゼル機関車を配置することはできない。それに、コンテナ列車の発着の多い駅では入換用のディーゼル機関車が1両では足りなくなってしまう。そこで、入換動車の出番だ。

ＪＲ貨物が両数に含めているディーゼル機関車と含めていない入換動車であるが、行っている入換の内容に違いはない。異なっている点は、運転可能な範囲と装着されている保安装置の差という点ではすべてのケースに該当し、多くの場合、機関車自体の質量、それから出力の差も当てはまる。

先に挙げた89両のＤＥ10形、ＤＥ11形、ＤＤ２００形、ＨＤ３００形は、正確に言うと入換も可能なディーゼル機関車だ。駅の構内で入換を行うだけでなく、実はコンテナ列車や車扱列車の先頭に立って終着地まで牽引することもでき、実際にそのような役目を担っている例も見られる。このため、駅と駅との間の線路を指す本線に導入されている保安装置の自動列車停止装置（ＡＴＳ、Automatic Train Stop device）も全車両が装備済みだ。

これに対して入換動車は運転可能な範囲を駅の構内に限定し、大多数はＡＴＳを搭載していない。装備は簡略化されるから、検査に要する手間や時間、費用を節減できる。ＡＴＳのない入換動車が本線を運転する必要が生じたときには、本線を運転可能な機関車に牽引してもらう。

実はＪＲ貨物は発表した以外にもＤＥ10形を入換動車として保有している。両数はわかっていないが、十数両とも言われる入換動車のＤＥ10形が駅構内での入換に限定して用いられているのだ。

もう1つ挙げておきたいのは出力である。DE10形、DE11形、DD200形、HD300形はいずれも735キロワット（1000仏馬力）を上回る出力を発揮して1300トンの貨物列車の牽引も可能だが、そこまでの出力をもつディーゼル機関車は不要という駅も多い。というのも、一度に入換を行う貨車の両数が少ないので、せいぜい184キロワット（250仏馬力）程度の出力を得られれば十分だからである。この結果、車両の質量が10トン、20トン、25トン程度と、DE10形の65トンに比べれば3分の1から6分の1程度の入換動車が開発された。

JR貨物中央線の竜王駅で使用されている入換動車。車両の質量は10トン級で写真後方の貨車と比べても背の低さが際立つ（撮影：梅原 淳）

ＪＲ貨物が保有する入換動車のなかで最新のものと言われているのはＤＢ５００形である。動輪を前後に１輪ずつ、２輪備えた車体の長さは８メートルと、貨車と比べても小ぶりで、質量は27トンほど。出力は１８４キロワットだ。

小さいとはいえなかなか力持ちだ。ＤＢ５００形を製造した北陸重機工業によれば、最大で５００トンの貨車を牽引して入換を行えるという。とても地味な存在で、まさしく縁の下の力持ちといった存在である。

懐かしの荷役設備❶ ——命がけだった人力での入換作業

前項までで「入換」としつこく記してきた。改めて正確な定義を記すと「車両をある線路から他の線路へと移動させること」となる。

現代の入換は入換動車を含む機関車を用いて行う。しかし、１９５０年代までは貨車を人が押して入換を行っていたこともあるというので驚いてしまう。

さて、貨車集結輸送方式（104ページ参照）の貨物列車が主流であったころは、入換の手間はいまとは比べものにならないほど大変であった。たとえば、全国の操車場で最も規模の大きかった大阪府の吹田《すいた》操車場では、１９６５（昭和40）年度に１日当たりなんと５９１０両もの貨車が集まったという。これらの貨車をすべて機関車であるとか手押しで入換を行っていたら文字どおり日が暮れてしまうに違いない。

大規模な操車場ではさまざまな入換の方法が考案された。突放《とつぼう》、そして流転《るてん》だ。

「突放」とは、機関車によって貨車をある程度の場所まで押した後、走ったままで切り離して貨車を惰性で走らせ、所定の位置で止める入換の手順を指す。貨車には側《がわ》ブレーキ装置といって、貨車の片側または両側に人間の力、通常は足踏み式のペダルによって制動力を生じさせるブレーキ装置が装着されている。惰性で走る貨車に担当者があらかじめ添乗《てんじょう》するか、あるいは飛び乗り、頃合いを見て側ブレーキ装置を操作して絶妙のタイミングで貨車を停止させるのだ。

効率的ではあるものの、非常に危険でもあるため、火薬類を搭載した貨車に対して突放を行うことを国土交通省は認めていない。また、コンテナ車やタンク車などを中心に貨車の側面に記された「突放禁止」という文字が物語っているとおり、JR貨物をはじめ、貨物運送を行う鉄道事業者の大多数は突放を全面的に禁止した。

「流転」とは貨車を坂道から転がし、突放同様、ブレーキ装置を操作して所定の位置に止めるという手順を指す。かつて、大規模な操車場には「ハンプ」と呼ばれる丘が設けられ、ここから貨車を走らせていた。最大で64・5パーミルと、通常の線路では考えられないほどの坂を下りる貨車の運動エネルギーは桁外れに大きいため、突放のように担当者が飛び乗って側ブレーキ装置を操作するのはまさに命がけであったという。

そこで、「カーリターダ」といって車輪を締め付ける装置を線路に設け、その締め付け加減で目的の線路へと貨車が円滑に移動できる方策が考えられた。

貨車集結輸送方式の貨物列車がすべて廃止されたことにより、ハンプやカーリターダは姿を消した。このため、現代の日本では流転による入換を見ることはできない。

懐かしの荷役設備❷――港湾駅に設置されていた「テルハ」

コンテナ輸送が一般的でなかった昔は、荷役の手間はいまとは比べものにならないほど苦難に満ちたものであった。トラックや船で駅まで運ばれてきた貨物は、ベルトコンベアなどの機械を用いて卸し、同様にベルトコンベアなどの力を借りて貨車に積み込んでいく。これでも大変だが、ベルトコンベアが導入される前に至ってはすべてが人力での作業であったから、大勢の人たちが集まって荷役を担当していた。

貨物の積み卸し作業が特に大がかりであったのは港に設置された駅だ。船が輸送する貨物の質量は大きく、また数も多いので、陸揚げされた貨物を貨車に積み替える作業は大変な困難が伴っていた。いまは廃止となった東海道線の枝線《えだせん》にあった名古屋《なごや》港《みなと》駅では、製紙用の木材を船から卸して9トン積みの無蓋車に積み込む作業に6人がかりで1時間ほど要していたという。気の遠くなるような話だ。

　あまりに効率の悪い荷役を改めるため、国有鉄道が1926（大正15）年に導入した装置をテルハという。空中ケーブルカーという意味をもつ「telpher」を語源にもつテルハとは、モノレールのような機械だ。

　静岡県静岡市の清水マリンパークに保存されているテルハを例に説明しよう。

清水マリンパークに保存されているテルハは
木材を貨車に積み込むために設けられた（撮影：梅原 淳）

テルハには高さ約11メートルの鉄柱が10本建てられ、これらの最上部に、長さ110メートルのレールが架け渡されている。

レールを走行していたのは2基のクレーンだ。最大で2トンもの木材をつり下げ可能なクレーンの上にオペレーターが乗り込み、岸壁と線路との間を1分間に約8メートルの速さで移動させて貨物を運んでいたそうだ。

テルハの登場で荷役の苦労は大きく緩和される。名古屋港駅の場合、テルハの導入後は9トン積み貨車への積み込みには、3人の人手によって20分程度で済むようになった。テルハの全盛期は1950年代だ。国鉄は全国の29駅に合わせて35基を配備していたという。

しかし、貨物輸送の変化によってテルハは用済みとなり、次々に姿を消していった。清水マリンパークに現存するただ1つのテルハは、いまは廃止された国鉄の清水港線で用いられていたものだ。歴史的な価値も高いと国の有形文化財に登録されている。

懐かしの荷役設備❸——鉄道連絡船での航送に使われた可動橋と控車

今日、全国のJRの各社どうしは直接線路で結ばれている。青函《せいかん》トンネルや関門トンネル、本州四国連絡橋児島坂出《こじまさかいで》ルートによって本州と北海道、九州、四国との間が陸続きになっているからだ。

関門トンネルは1942（昭和17）年11月15日にまずは単線で開通し、青函トンネルは1988（昭和63）年3月13日、本州四国連絡橋児島坂出ルートが同年4月10日に瀬戸大橋線として開業するまでは国有鉄道、国鉄、JRの鉄道連絡船が鉄道の代わりを務めていたことを覚えている人は多いかもしれない。

東北線青森駅と函館線函館駅との間を結んでいた青函連絡船、宇野線宇野駅と予《よ》讃《さん》線高松駅との間を結んでいた宇高《うこう》連絡船、山陽線下関駅と鹿児島線門司《もじ》駅（現在の門司港駅）との間を結んでいた関門連絡船は鉄道の路線と同等に扱われていた。旅客や貨物の運賃は通算され、各鉄道連絡船の便は列車と接続して運航されていたのだ。

旅客は列車と鉄道連絡船とを乗り継ぐとき、必ず列車や船から降りて乗り換えなければならなかった。車両を鉄道連絡船に積み込んで輸送する車両の航送はできたが、そのまま車両に乗ったまま航海を続けることは安全上の理由から1950年代前半に見直されてしまう。それならと、いかなる旅客であっても乗り換えることとなり、旅客運送事業に従事している最中となる旅客車の航送は打ち切られる。

いっぽう、貨物の場合、鉄道連絡船にそのまま貨車を積み込んで車両の航送を実施することは好都合であった。貨物の積み卸しの手間は不要となるし、船舶を栈橋《さんばし》に停泊させる時間も短くて済んだからだ。15トン積みの有蓋車に換算して関門連絡船では6両（ただし、はしけを利用してさらに多くの貨車の航送を実施していた）、青函連絡船は55両、宇高連絡船では27両の貨車を最大で航送できた。

車両の航送は、栈橋から船舶の貨物室内に設けられた車両甲板《こうはん》に積み込んで行われる。車両甲板には陸上と同じく線路が敷かれており、貨車が積み込まれたら、連結器やフック状の緊締具《きんていぐ》を用いて車両と線路とを固定する。

陸上の栈橋と船舶との間は、陸上側から船舶側へと架け渡される可動橋によって結ばれた。可動橋は単なる橋ではない。潮の満ち引きによって栈橋に対する船舶の高さが変わるので、対処できるようにと栈橋側に設けられていたヒンジ（蝶番《ちょうつがい》）が強化されていた。青函連絡船用の可動橋は長さが25メートルほどであったが、宇高連絡船用のものは81メートルにも達している。干満差は瀬戸内海が3・14メートルと津軽海峡の2倍ほども生じていたからだという。

車両甲板への貨車の入換は機関車が担当した。ただし、質量が100トン近い大形の機関車では、可動橋は重さに耐えられない。機関車が車両甲板へと貨車を押し込むのは当然として、機関車を可動橋に載せないよう、機関車と貨車との間に控車《ひかえしゃ》の連結を行っている。控車は無蓋車から荷台を取り去った形状をしており、入換を担当する係員が乗車することもあったので、床上には四方に手すりが取り付けられた。

かつての青森港には八甲田丸《はっこうだまる》、かつての函館港には羊蹄丸《ようていまる》と青函連絡船が保存されているし、両港とも可動橋が残されているし、八甲田丸の車両甲板には控車のヒ600形が保存され、見学も可能だ。貨車を航送していた面影《おもかげ》をしのぶのもよいだろう。

7章 運賃の仕組みを探究する

●謎のベールに包まれた実際に迫る！

貨物運賃はどのような計算方法で決まるか

貨物の運賃はコンテナ貨物運賃と車扱運賃とに大別される。ＪＲ貨物の運賃体系を例に説明していこう。

コンテナ貨物の運賃の計算は220・221ページにある**表11**の賃率表《ちんりつひょう》に当てはめて行う。基本的に運賃計算キロは、コンテナ列車が実際に通った経路をもとに計算する。ただし、貨物の発着が多い区間では、以下のようにあらかじめ定められた「運賃計算キロ程」を用いる。

❶新座《にいざ》貨物ターミナル駅（埼玉県新座市）を含む東京都区内の各駅と大阪貨物ターミナル駅（大阪府摂津《せっつ》市）を含む大阪市内の各駅との相互の間は６００キロメートル

❷東京都区内の各駅と名古屋市内の各駅との相互の間は３７５キロメートル

（注：東京都区内の駅に新座貨物ターミナル駅は含まない）

❸東京都区内の各駅と仙台貨物ターミナル駅との相互の間は３５０キロメートル

（注：東京都区内の駅に新座貨物ターミナル駅は含まない）

❹大阪貨物ターミナル駅、吹田《すいた》貨物ターミナル駅を含む大阪市内の各駅と広島貨物ターミナル駅との相互の間は３５０キロメートル

❺大阪貨物ターミナル駅、吹田貨物ターミナル駅を含む大阪市内の各駅と福岡貨物ターミナル駅との相互の間は７００キロメートル

運賃計算キロが求められたら、「運賃計算トン数」を乗じればよい。しかし、運賃計算トン数の求め方は複雑だ。

最も一般的な12フィート級の鉄道コンテナは貨物の重さが何トンであろうと、規格上の荷重が5トン以内であれば運賃計算トン数を5トンとして扱う。規格上の荷

運賃計算キロ(kmまで)	コンテナ貨物1t当たりの運賃(円)	運賃の上昇額(円)
2,100	21,396	912
2,200	22,308	912
2,300	23,220	912
2,400	24,132	912
2,500	25,044	912
2,600	25,956	912
2,700	26,868	912
2,800	27,780	912
2,900	28,692	912
3,000	29,604	912

注:3000kmを超える場合、100kmを増すごとに912円を加算
出典:『2021JR貨物時刻表』(鉄道貨物協会、2021年3月)

重が5トンを超える場合は実際の荷重とし、1トン未満の端数は0・5トン単位で切り上げて計算する。

20フィート級の鉄道コンテナや国際貨物コンテナ、30フィート級の鉄道コンテナ、40フィート級の国際貨物コンテナは、規格上の荷重が8・5トン以内の場合は運賃計算トン数を一律8・5トンとして扱う。いっぽう、8・5トンを超えるときは実際の荷重とし、1トン未満の端数を0・5トン単位で切り上げて求めていく。

空の私有コンテナを所有者のもとへ戻す場合、運賃計算トン数は次のとおり。12フィート級コンテナの場合は2トン、20フィート級の鉄道コンテナや海上コンテナ、30フィート級の鉄道コンテナ、40フィート級の国際貨物コンテナの場合は3トンとなる。

なお、12フィート級コンテナ以外は、運賃のほか

表11　コンテナ貨物運賃表

運賃計算キロ(kmまで)	コンテナ貨物1t当たりの運賃(円)	運賃の上昇額(円)
25	1,476	—
50	1,890	414
75	2,304	414
100	2,718	414
125	2,963	245
150	3,208	245
175	3,453	245
200	3,698	245
225	3,943	245
250	4,188	245
275	4,433	245
300	4,678	245
325	4,923	245
350	5,168	245
375	5,413	245
400	5,658	245
425	5,903	245
450	6,148	245
475	6,393	245
500	6,638	245
550	7,128	490
600	7,618	490
650	8,099	481
700	8,579	480
750	9,060	481
800	9,540	480
850	9,996	456
900	10,452	456
950	10,908	456
1,000	11,364	456
1,100	12,276	912
1,200	13,188	912
1,300	14,100	912
1,400	15,012	912
1,500	15,924	912
1,600	16,836	912
1,700	17,748	912
1,800	18,660	912
1,900	19,572	912
2,000	20,484	912

表12　コンテナ貨物割増率表

種別		割増率(%)
Lサイズコンテナ割り増し		50
Mサイズコンテナ割り増し		20
40フィート級コンテナ割り増し		100
貴重品割り増し		100
危険品割り増し	ポリ塩化ビフェニル(廃棄物)	150
	火薬類	100
	その他	20
専用コンテナ使用割り増し		120

表13　コンテナ貨物割引率表

割引番号		割引率(%)
1	私有冷蔵、私有タンク及び私有ホッパコンテナ貨物	15
2	私有12フィート級普通有蓋コンテナ貨物	7
3	私有コンテナ貨物	10
4	返回送私有コンテナ	50
5	荷造用品	30
6	貨物積付用品	70
7	パレット	50

出典：両表とも『2021 JR貨物時刻表』(鉄道貨物協会、2021年3月)

に割増分の運賃を加算する決まりだ。さらに、運ぶ貨物の品目によっては取り扱いに特別な手間を要するため、やはり割増分の運賃が設定された。割増率は上の**表12**のとおりとなる。**表12**のなかで、Lサイズのコンテナとは30フィート級のコンテナを、Mサイズのコンテナとは長さが20フィートを超え、30フィート未満のコンテナをそれぞれ指す。

JR貨物は運賃の割増に加え、割引制度も用意している。あらましは上の**表13**のとおりだ。

車扱貨物運賃は**表14**（224・225ページ参照）に示した「車扱貨物運

賃表」を用いて求める。運賃計算キロを求め、運賃計算トン数を乗じるという仕組みはコンテナ貨物運賃と同じだ。

なお、東京都区内所在駅と大阪市内所在駅とで相互発着となる運賃計算キロ程は一律575キロメートルと決められた。例外として総武線越中島《えっちゅうじま》貨物駅と大阪市内所在駅との間は600キロメートルとして計算する。

運賃計算トン数は、1両の貨車に搭載する貨物の重量を求め、**表15**（226ページ参照）に基づいて換算すればよい。貨物の重量には、貨物を冷やすための氷のうも含まれる。いっぽう、シートやロープ、チェーンといった貨物を固定するための用具は貨物の重量には加えない。

なお、運賃計算トン数にはいくつかの例外がある。甲種の鉄道車両（119ページ参照）の運賃計算トン数は、「自重《じじゅう》」と呼ばれる空車時の質量の2分の1とし、1トン未満の端数は1トンに切り上げておく。もう1つ、大物車で特大貨物を運ぶ場合は**表15**によらず、実際の荷重を用いる。

車扱貨物の運賃には貨車を空車で戻す際の金額も定められた。運賃計算キロは、貨物を積載したときと同様にキロ数を計算し、ここから80キロメートルを差し引く。いっぽう、運賃計算トン数は**表16**（227ページ参照）のとおり、個別の貨車ごとに決

運賃計算キロ（kmまで）	1t当たりの運賃（円）	運賃の上昇額（円）
625	8,176	271
650	8,446	270
675	8,717	271
700	8,987	270
725	9,258	271
750	9,528	270
775	9,799	271
800	10,069	270
825	10,326	257
850	10,582	256
875	10,839	257
900	11,095	256
925	11,352	257
950	11,608	256
975	11,865	257
1,000	12,121	256
1,050	12,634	513
1,100	13,147	513
1,150	13,660	513
1,200	14,173	513
1,250	14,686	513
1,300	15,199	513
1,350	15,712	513
1,400	16,225	513
1,450	16,738	513
1,500	17,251	513
1,550	17,764	513
1,600	18,277	513
1,650	18,790	513
1,700	19,303	513
1,750	19,816	513
1,800	20,329	513

運賃計算キロ（kmまで）	1t当たりの運賃（円）	運賃の上昇額（円）
1,850	20,842	513
1,900	21,355	513
1,950	21,868	513
2,000	22,381	513
2,050	22,894	513
2,100	23,407	513
2,150	23,920	513
2,200	24,433	513
2,250	24,946	513
2,300	25,459	513
2,350	25,972	513
2,400	26,485	513
2,450	26,998	513
2,500	27,511	513
2,550	28,024	513
2,600	28,537	513
2,650	29,050	513
2,700	29,563	513
2,750	30,076	513
2,800	30,589	513
2,850	31,102	513
2,900	31,615	513
2,950	32,128	513
3,000	32,641	513

注:3000kmを超える場合、50kmを増すごとに513円を加算

出典:「基本運賃の改定について」（JR貨物のニュースリリース、2018年3月14日）

表14　車扱貨物運賃表

運賃計算キロ(kmまで)	1t当たりの運賃(円)	運賃の上昇額(円)	運賃計算キロ(kmまで)	1t当たりの運賃(円)	運賃の上昇額(円)
5	620	—	230	3,824	110
10	713	93	240	3,934	110
15	806	93	250	4,045	111
20	900	94	260	4,155	110
25	993	93	270	4,265	110
30	1,086	93	280	4,375	110
35	1,179	93	290	4,486	111
40	1,272	93	300	4,596	110
45	1,365	93	310	4,706	110
50	1,459	94	320	4,817	111
55	1,552	93	330	4,927	110
60	1,645	93	340	5,037	110
65	1,738	93	350	5,148	111
70	1,831	93	360	5,258	110
75	1,924	93	370	5,368	110
80	2,017	93	380	5,478	110
85	2,111	94	390	5,589	111
90	2,204	93	400	5,699	110
95	2,297	93	410	5,809	110
100	2,390	93	420	5,920	111
110	2,500	110	430	6,030	110
120	2,611	111	440	6,140	110
130	2,721	110	450	6,251	111
140	2,831	110	460	6,361	110
150	2,942	111	470	6,471	110
160	3,052	110	480	6,581	110
170	3,162	110	490	6,692	111
180	3,272	110	500	6,802	110
190	3,383	111	525	7,078	276
200	3,493	110	550	7,354	276
210	3,603	110	575	7,629	275
220	3,714	111	600	7,905	276

表15　車扱貨物の運賃計算トン数表

貨物の重量（トンまで）	運賃計算トン数（トン）
7	9
8	10
9	11
10	11
11	12
12	13
13	14
14	15
15	15
16	16
17	17
18	18
19	19
20	20
21	21
22	22
23	23
24	24
25	25
26	26
27	27
28	28
29	29
30	30
31	31
32	31
33	32
34	33
35	34
36	35
37	36
38	37
39	38
40	38

注:40トンを超える場合、1トンを増すごとに1トンを加算
出典:『2007 JR貨物時刻表』(鉄道貨物協会、2007年3月)

められている。

ところで、JR貨物は私有貨車（82ページ参照）を貸切の列車として返送するときの運賃計算トン数を最低でも100トンとするという規則を設けた。今日、車扱貨物を搭載した私有貨車は、貨物を積載したときはもちろん、発送元の駅まで戻すときも貸切列車である専用貨物列車として運転されるケースが大多数だから、事実上、私有貨車を所有している荷主には皆この規則が適用されるのだ。

という次第で、せっかく**表16**をご覧になられた手前恐縮だ

表16　空車で戻す際の運賃計算トンが特定された私有貨車

タンク車(高圧タンク車)

車種	形式	運賃計算トン(トン)
タム	2300	5
タム	8500	5
タム	9600	7
タサ	5700	6
タサ	5800	6
タサ	4100	7
タキ	4100	7
タキ	5400	7
タキ	5450	7
タキ	10150	7
タキ	14700	7
タキ	18600	7
タキ	19550	7
タキ	25000	7
タキ	30200	7

タンク車(高圧タンク車以外)

車種	形式	運賃計算トン(トン)
タ	全形式	2
タム	4700	3
タム	7600	3
タム	7900	3
タム	9400	3
タム	9500	3
タム	上記以外のタムの形式	2
タサ	1000	4
タサ	1700	4
タサ	3000	4
タサ	4500	4
タサ	6000	4
タサ	上記以外のタサの各形式	3
タキ	1500	5
タキ	1800	5
タキ	2750	5
タキ	3900	5
タキ	4150	5
タキ	4200	5
タキ	4850	5
タキ	8300	5
タキ	8550	5
タキ	8650	5
タキ	8900	5
タキ	9250	5
タキ	9750	5
タキ	11000	5
タキ	11250	5
タキ	11800	5
タキ	14800	5
タキ	16500	5
タキ	17500	5
タキ	17600	5
タキ	20400	5
タキ	20500	5
タキ	20600	5
タキ	23600	5
タキ	23650	5
タキ	24100	5
タキ	24300	5
タキ	29000	5
タキ	40000	5

タンク車(高圧タンク車以外)

車種	形式	運賃計算トン(トン)
タキ	42250	5
タキ	42350	5
タキ	9200	7
タキ	11700	7
タキ	50000	7
タキ	55000	7
タキ	64000	7
タキ	上記以外のタキの各形式	4

長物車

車種	形式	運賃計算トン(トン)
チキ	80000	4
チキ	5500	5

大物車

車種	形式	運賃計算トン(トン)
シ	1	4
シム	1	4
シキ	25	9
シキ	190	10
シキ	115	11
シキ	195C	12
シキ	160	13
シキ	670B	14
シキ	170A2	15
シキ	195A	15
シキ	850C	16
シキ	290B	17
シキ	310	17
シキ	370	17
シキ	1000D2	18
シキ	290C	19
シキ	670C	19
シキ	1000D1	19
シキ	300B	21
シキ	120C	22
シキ	170B	22
シキ	800B2	22
シキ	800B1	23
シキ	120A	24
シキ	120B	24
シキ	280B2	25
シキ	290A	25
シキ	800C	25
シキ	850D	25
シキ	280B1	26
シキ	170A1	27
シキ	300A	33
シキ	600	33
シキ	610B1	33
シキ	610B2	34

ホッパ車

車種	形式	運賃計算トン(トン)
ホサ	8100	3
ホキ	5900	5
ホキ	6000	5
ホキ	7600	5
ホキ	8000	5
ホキ	上記以外のホキの各形式	4

注:営業に用いられていない貨車も含む
出典:『貨物運賃と各種料金表』(交通日本社、2010年11月)

表17 車扱貨物割増率表

割増番号	品名および貨物の大きさ	割増率(%)
1	貨幣証券類、貴金属、希金属とその製品、金剛石、紅玉、緑柱石、その他の宝石とその製品	100
2	火薬類、軽火工品のうち煙火、導火線、電気導火線、信号炎管、信号火箭(しんごうかせん)	150
3	高圧ガス、玩具煙火、軽火工品で割増番号2に掲げるもの以外のもの、甲種硝煙でタンク車積み以外のもの、四アルキル鉛(しあるきるえん)を含有する製剤、硫酸ジメチル	30
4	マッチ、油紙油布類、引火性液体、飼料用硝煙を除く可燃性固体、ハイドロサルファイト、リン化カルシウム、カーバイド、甲種硝酸でタンク車積みのもの	20
5	貨物品目分類表上、危険品に属するもので割増番号2～4に掲げるもの以外のもの	10
6	貨物の幅または高さが所定の制限を超えるが、貨物積載限界の範囲内にあるもの。ただし、割増番号7に定めるものおよび甲種の鉄道車両を除く	30
7	貨物の幅または高さが貨物積載限界の範囲を超えるものおよび1個の長さ18メートル、重量15トンまたは容量40立方メートルを超えるものならびに荷主の申し出により列車を貸し切って輸送するもの	臨時の約束による

表18　車扱貨物割引率表

割引番号	品名	割引率(%)
1	荷造用品	30
2	貨物積付用品	70
3	返回送貸付貨車	30
4	検修等による返回送私有貨車	100
5	私有貨車積み貨物(最高速度85キロメートル/h以上または大型タンク車に積載した場合を除く)	15
	私有貨車積み貨物(最高速度85キロメートル/h以上または大型タンク車に積載した場合)	20
6	災害にかかった者に対する救助用寄贈品	100
	災害にかかった者に対する救護材料	100

出典:両表とも『貨物運賃と各種料金表』(交通日本社、2010年11月)

が、たとえば運賃計算トンが最も重いシキ610B2形1両を空車で戻す際はほぼ100パーセント貸切の列車となるので、運賃計算トン数は34トンではなく100トンへとはね上がる。

コンテナ貨物運賃同様、車扱貨物運賃にも割増と割引とが豊富に用意されている。割増については表17を、割引については表18（両表とも228ページ参照）をそれぞれご覧いただきたい。割増率はそれぞれの割増率を合算したものとなり、割引率は最も高いものを適用する決まりだ。

JR貨物は、だれから運賃を受け取っているか

貨物利用運送事業者とは、荷送人の指定する場所に赴《おもむ》いて貨物を駅まで集貨し、駅では荷役を実施して貨物列車で指定された駅まで送り、この駅では再び荷役を実施して荷受人の指定した場所まで配達する事業者を指す。さらに、鉄道事業者と荷主との間を仲介してコンテナまたは車扱貨物運賃や鉄道事業者分のコンテナまたは車扱貨物料金を鉄道事業者に代わって請求し、徴収する作業も担う。

さて、貨物利用運送事業者は第一種貨物利用運送事業者と第二種貨物利用運送事業者とに分けられる。前者は他者の交通機関を用いて貨物運送を行う事業者を、後

民鉄各社の輸送トン数（トン）	輸送トン数計	輸送トン数に占める貨物利用運送事業者の輸送実績の割合（%）
3,029,010	25,207,457	170.1%
10,354,659	21,259,375	58.0%
0	0	—
0	0	—
13,383,669	46,466,832	119.9%

者は第一種貨物利用運送事業者の事業に加え、トラックを用いて貨物の集貨から配達まで一貫した運送を行う事業者をそれぞれ指す。なお、第二種貨物利用運送事業者が実施する集配業務は自らが所有するトラックはもちろんのこと、他の事業者のトラックによる貨物利用運送事業で行ってもよい。

古いデータながら国土交通省によると、２０１４（平成26）年3月31日現在、鉄道を利用する貨物利用運送事業者の数は全国に１０６４事業者あるという。この数値は同省の地方運輸局別にまとめたもので、同じ企業であっても事業所名や支店名が異なれば重複して計上されている。残念ながら、第一種、第二種それぞれの貨物利用運送事業者の数については把握していないという。

第一種貨物利用運送事業者の事業内容はというと、荷送人や荷受人が専用側線を用意しているので集配は不要といったケースを想像するとよい。また、石油製品のように集貨や配達を荷送人や荷受人が所有するパイプラインで実施するといったケースも該当する。

さらに古いデータとなるが上の**表19**のとおり、２００８

表19　貨物利用運送事業者の輸送実績(2008年度)

貨物の種類	第一種貨物利用運送事業者(トン)	第二種貨物利用運送事業者(トン)	計	JR貨物の輸送トン数(トン)
コンテナ貨物	1,175,961	41,707,989	42,883,950	22,178,447
車扱貨物	9,866,226	2,455,368	12,321,594	10,904,716
混載荷物扱い	0	319,255	319,255	0
手小荷物扱い	146	184,683	184,829	0
計	11,042,333	44,667,295	55,709,628	33,083,163

出典:『交通関連統計資料集』(国土交通省)、『平成20年度鉄道統計年報』(国土交通省鉄道局監修、電気車研究会、2010年12月)

(平成20)年度に鉄道を用いて貨物利用運送事業者が取り扱った貨物の量は5570万9628トンであった。鉄道によって運ばれた貨物の実数を意味する輸送トン数は同じ年度に4646万6832トンであったので、貨物利用運送事業者による貨物の取扱量のほうが約1・2倍も多い。

内訳を見ると、コンテナ貨物は実際に鉄道が運んだ輸送トン数の1・7倍の量を貨物利用運送事業者が取り扱った。いっぽうで貨物利用運送事業者によって扱われた車扱貨物は輸送トン数の58パーセントにすぎない。

統計になぜコンテナ貨物のような不思議な数値が表れるかというと、貨物利用運送事業者によって運送される貨物のなかには、俗に「利用の利用」といって、JR貨物ではなく貨物利用運送事業者を利用し、鉄道を用いて貨物を運ぶ貨物利用運送事業者が存在するからだ。

また、鉄道事業者であるJR貨物自身も第二種貨物利用運送事業者となり、フェリーによる代行輸送を行っている。

こうした貨物もJR貨物以外の貨物利用運送事業者によって取り扱われるケースが大多数なので重複して計上されるという次第だ。実質的に鉄道事業者が輸送するコンテナ貨物のほぼすべて、あるいは大多数は貨物利用運送事業者によって取り扱われていると考えてよいだろう。

貨物の過半数を占めるコンテナ貨物の荷送人や荷受人にとって貨物の運送事業者とは、鉄道事業者ではなく貨物利用運送事業者である。極端に言うと、荷送人や荷受人は貨物がどの鉄道事業者によって運ばれているのかなど知らなくてもよいのだ。宅配物の運送を託した業者の名は知っているが、実際に運んだ鉄道事業者の名は問い合わせなければ明らかにされないというと理解しやすい。

鉄道事業者にとって集配、荷役、運賃・料金の計算や請求を代行する貨物利用運送事業者はありがたい存在だ。そのいっぽうで、運送に関する主導権が鉄道事業者にないという点に由来する弊害も見られる。

貨物利用運送事業者は自らの利益を大きくするために鉄道事業者へ支払う金額をできるだけ低くするようにしがちだ。すると、自動車や船舶、航空といったほかの交通機関との競争となり、選択権は貨物利用運送事業者側にある。鉄道事業者が貨物の運送を受注するには定価での販売では不利となり、どうしても値引きを行わなくてはならない。

値引きの実態は後ほど紹介するとして、鉄道事業者にとって価格が高ければ利用してもらえず、かといって低過ぎれば利幅が薄くなる。昭和50年代の鉄道貨物低迷期には運行するだけで赤字となる貨物列車すら存在したという。

国鉄やJR貨物、貨物運送事業を実施する民鉄は「直販」といって、貨物利用運送事業者を通さないで貨物運送を受注しようとし、駅に自社の営業センターを置くなどの施策をとったが、どこも成功したとは言い難い。

何よりも国土交通省がまとめた先ほどの表19が実情を物語っている。鉄道による貨物運送の未来を握っているのは鉄道事業者でも荷送人でも荷受人でもない。通運、つまり貨物利用運送事業者なのである。

貨物輸送に「切符」は存在するか

荷送人が鉄道事業者に貨物の運送を託《たく》す場合にはどのような切符が必要となるのだろうか。結論から言うと、旅客運送に相当する切符類は存在しない。というのも、運賃や料金の支払い方法が旅客運送とは根本的に異なっているからだ。

JR貨物によると、貨物の運送に要した運賃や料金は、目的地に到着した貨物を荷受人に引き渡す際に荷主である荷送人から収受すると定められている。運賃や料金を先払いとする旅客運送とは異なり、貨物運送では運賃や料金を後払いとすることが定められているのだ。運賃や料金は貨物が終着地に着いたときに支払うのだから、切符に求められる機能はそもそも必要とされないのである。

しかし、荷送人や荷受人はさまざまだ。貨物の引き渡し時に全員がきっちりと運賃や料金分の金額を納めてくれるかどうかはふたを開けてみなければわからない。

こういうときこそ前項で紹介した貨物利用運送事業者の出番だ。鉄道事業者との間に契約を取り交わした貨物利用運送事業者であれば、「一見《いちげん》さん」の荷主よりも信用力は高く、鉄道事業者が運賃や料金を収受できないというリスクは低くなる。もっとも、金額は不明だが、鉄道事業者への運賃や料金の滞納は大なり小なり存在するらしく、しかも遠く大正時代から発生して担当者を悩ませていたという。

ならば制度を改めて先払いとしてしまえばよいのだが、運賃はともかく、少なくとも料金は貨物が駅に到着しなければ算出できない。貨物の運送に先立ち、鉄道事業者は運賃や料金の概算額を貨物利用運送事業者から徴収し、後ほど精算する制度もあるものの、事務手続きが煩雑となる短所をもつ。

なお、いま挙げた条文はあくまでもＪＲ貨物との間の取り決めであり、荷送人や荷受人と貨物利用運送事業者との間では異なった取り決めが適用される。貨物利用運送事業者はJR貨物に対して運賃や料金を後払いで支払うが、荷主から運賃や料金を徴収する場合は先払いであるかもしれないし、初めに概算額を支払い、後ほど精算することもあるだろう。

鉄道による貨物運送には切符に相当するものはないのだが、切符の一部の機能を備えたものならば存在する。乗車券などは運送契約が成立したときに旅客に手渡すものだと考えると、貨物運送で該当するのは貨物運送状だ。また、特急券などには行先や利用する列車名、座席の種類や番号などが記載されている。こちらに該当するものはコンテナ荷票、IDタグ、貨車車票だ。

貨物運送状というのは貨物のあらましを記した書類を指す。この書類には品目や個数、容積や重量、目的地、荷送人名、荷受人名、さらには貨物運送状を作成した場所と作成年月日を記した後、荷主の記名、捺印《なついん》が必要だ。荷送人は鉄道事業者に貨物運送状を提出し、控えを保管する義務がある。ただし、書面での貨物運送状を必要とするのは車扱貨物だけであり、コンテナ貨物では用いられていない。

コンテナ貨物の運送を申し込むときにはJR貨物が構築したIT-FRENS(Information Technology-FREight information Network System)と呼ばれるコンテナ

貨物情報システムを用いる。荷送人はインターネットを通じてIT-FRENSに表示される申し込み画面を呼び出し、必要事項を記入して送信することで運送の申し込みが完了する仕組みだ。

ちなみに、IT-FRENSへの接続は事実上、貨物利用運送事業者に限定されていて、一般にはアドレスすら明らかにされていない。この一件からもコンテナ貨物とは貨物利用運送事業者による取り扱いが前提となっていることがわかる。

JR貨物は車扱貨物に関してもコンピューターシステムを構築した。車扱貨物に関する情報を管理しているのはNETS（NEtwork of Transportation and business Strategy）と呼ばれる新車扱情報システムだ。貨物運送状に記された内容をNETSに接続された端末装置を通じて入力することで運送の申し込みから車両や列車の手配、運賃や料金の収受状況、売上の管理まで一貫して行われる。このシステムが荷主にも拡大されれば、書面としての貨物運送状は姿を消すのではないだろうか。

さて、個々の貨物には行先や積載に関する情報を記しておかないと、現業機関では混乱が生じてしまう。繰り返しとなるが、旅客とは異なり、貨物は自らの力で動くことができないから、どのように移動させるのかについて関係者に周知させる必要があるのだ。従って、こうした情報は切符のように鉄道係員が必要に応じて確認するのではなく、常に表示しておかなくてはならない。

貨物に関する情報を表示するために用いられるものはコンテナ荷票、IDタグ、貨車車票だ。これらのうち、情報を文字で記したものはコンテナ荷票、貨車車票といい、データで記録したものをIDタグという。

コンテナ荷票と貨車車票とは、厚手の上質紙に行先や取扱上の注意などを記したものを指す。前者はコンテナ貨物を積載したコンテナに、後者は車扱貨物を搭載した貨車の表示枠に差し込まれたり、直接貼付される。

IDタグはコンテナ貨物で使用するものだ。コンテナ荷票、貨車車票に記された情報はもちろんのこと、リアルタイムに運送の状況を記録することもできる。IDタグは駅構内のコンテナの所在や動向を把握するTRACE（Truck and RAilway Combination Efficient-system）や集配トラックを効率的に運用するドライバーシステムを稼働させるために考案された。荷役や集貨といった行程が完了するたびにIDタグに記録され、コンテナがいまどこにあるのかがIT-FRENSに転送されるから、荷主はコンテナ貨物の運送状況を逐一《ちくいち》知ることができる。

ただし、IDタグは単なるデータ記憶装置なので、読み取り装置を用いなければどのような情報が記録されているかはわからない。そこで、一部でコンテナ荷票も併用して担当者の便を図っている。

厳密に考えると、貨物運送状とは切符を購入するための申込書であるし、コンテナ荷票、IDタグ、貨車車票は車両に掲げられた行先表示だと言えるだろう。結局は切符に合致するものは貨物運送には存在しない。それだけ旅客運送と貨物運送とは異なっているのである。

貨物運賃の「値引き」の実際

貨物列車を利用する際の運賃や料金はある程度の値引きが行われている。誤解がないように申し上げておくと、鉄道事業者が実施している値引きとはすべての利用者に対してではない。「JR貨物は、だれから運賃を受け取っているか」の項で取り上げた貨物利用運送事業者や定型、定量的に貨物の運送を依頼する車扱貨物の荷送人や荷受人に対して運賃や料金の値引きが実施されている。いわば、旅客運賃における団体割引制度だ。

そのいっぽうで、いわゆる一見さんの荷主に対して鉄道事業者が直接運賃や料金を徴収する場合は原則として値引きを行わない。とはいえ、このような一見さんが鉄道事業者に直接貨物の運送を依頼することは事実上不可能なので、荷送人や荷受人は結局のところ、何らかの形で値引きの恩恵を受けていると言えるだろう。

どのくらい値引いているのかは秘密事項となっていて詳細はわからない。ＪＲ貨物によれば、「鉄道事業法上、平成7年から運賃料金規制が変更され、50％までの割引が可能となったことから、この範囲内における協定割引の一形態としての扱いとする」（日本貨物鉄道株式会社貨物鉄道百三十年史編纂委員会、『貨物鉄道百三十年史　中巻』、日本貨物鉄道、２００７年６月、117ページ）だという。実を言うと、値引きに関するある程度の状況は各鉄道事業者の貨物運輸収入と貨物の輸送トン数、同じく輸送トンキロから導くことが可能だ。

貨物運輸収入を貨物の輸送トンキロで除すれば、１トンの貨物を１キロメートル運んだ場合の運賃や料金が求められる。そして、貨

表20　貨物運賃・料金の値引きの状況（2018年度）

貨物運輸収入（円）		
コンテナ貨物	車扱貨物	計
105,681,535,000	14,744,301,000	120,425,836,000
輸送トン数（t）		
コンテナ貨物	車扱貨物	計
23,002,170	19,264,898	42,267,068
輸送トンキロ		
コンテナ貨物	車扱貨物	計
17,652,458,690	1,489,921,584	19,142,380,274
1トン1キロ当たりの運賃・料金（円）		
コンテナ貨物	車扱貨物	平均
6.0	9.9	6.3
貨物の平均輸送キロ（km）		
コンテナ貨物	車扱貨物	平均
767.4	77.3	452.9
1トンの貨物を平均輸送キロ分運んだ際の貨物運輸収入（円）		
コンテナ貨物	車扱貨物	平均
4,594	765	2,849
貨物の平均輸送キロの際の規定の運賃		
コンテナ貨物	車扱貨物	
9,540	2,017	
値引率（%）		
コンテナ貨物	車扱貨物	
51.8	62.1	

出典：『平成30年度　鉄道統計年報』（国土交通省鉄道局監修、2021年3月）

物の輸送トンキロを貨物の輸送トン数で除すれば貨物の平均輸送キロが求められ、この数値と先ほどの1トン1キロ当たりの運賃・料金とを乗ずれば、鉄道事業者が1トンの貨物を平均輸送1キロメートル分運んだときに得られる運賃・料金の平均が得られるのだ。

貨物運送事業を行っている鉄道事業者全体の結果は239ページの**表20**のとおりだ。割引率はコンテナ貨物が51・8パーセント、車扱貨物は62・1パーセントとどちらも大きな割引率となった。料金も含まれる貨物運輸収入を運賃だけと比較したため、実際の割引率はさらに大きくなるだろう。

各鉄道事業者とも現状は苦しい経営が続いている。環境への負担が少ないことから鉄道による貨物輸送を見直す声も高まっているものの、当事者である鉄道事業者の苦しみを理解したうえで言わないと、成功するとはとても言えない。

輸出入貨物の通関業務を行う国際駅

仙台臨海鉄道臨海本線の仙台港駅《せんだいこう》、神奈川臨海鉄道本牧線《ほんもく》の横浜本牧駅の両駅は全国の駅のなかでここにしかない特徴をもつ。それは、国際駅としての機能を備え、海外から輸入された貨物をそのまま国内各地へ発送することができるという点だ。

仙台港駅、横浜本牧駅とも、国際駅としての機能は構内に設けられた通関専用の倉庫である「保税蔵置場《ほぜいぞうちじょう》」が鍵を握っている。とはいうものの、貿易の専門家でもない限り、これだけではわからないので、まずは貨物の輸入に関する通常の手続きを説明することとしよう。

外国から到着した貨物は船から陸揚げされた後、「通関」と呼ばれる税関の手続きを受ける。検査や関税の納付といった一連の通関手続きを終えた貨物は国内各地へと発送されていく。

人の場合は国際空港や国際港に設けられた税関を通って入国手続きが実施される。だが、質量も数量も桁違いに大きな貨物では1カ所の税関で職員が検査する方法ではとても対処できない。そこで、税関長の許可を経て設けられた「保税地域」という場所で貨物を通関するという方式が編み出された。

通関手続きは貨物の輸入者や代行業者である通関業者によって行われる。貨物の輸入者や通関業者は税関長に申請書を提出して許可を受け、関税を納付すれば貨物は晴れて国内に流通することになるのだ。

8章 貨物列車の未来を探究する

●山積する課題にどう立ち向かうのか?

かつて、貨物列車は陸上輸送の主役だった

世界で初めて鉄道が開通したのは19世紀のイギリスであった。鉄道会社の名はストックトン&ダーリントン鉄道といい、イギリス北東部のストックトン—ダーリントン・ウイットンパーク炭鉱《たんこう》間と、この路線から枝分かれする支線、合わせて44・5キロメートルの区間での営業を始めている。

ダーリントン・ウイットンパーク炭鉱という駅名からもわかるとおり、世界初の鉄道は石炭を輸送することを主眼《しゅがん》として建設された。この鉄道が開業に備えて用意した「ロコモーション号」という蒸気機関車は貨物列車だけを牽引《けんいん》していたのだと

いう。もちろん、旅客列車も運転されていたのだが、こちらは馬が客車を引く鉄道馬車だったそうだ。

歴史の教科書にも載っているように、日本最初の鉄道は新橋（後の汐留《しおどめ》）と横浜（現在の桜木町）との間で始められた。正確に言うと、明治5年5月7日（新暦の1872年6月12日）に品川—横浜間が仮開業を果たし、同じ明治5年の9月13日（同年10月15日）に新橋—横浜間17マイル75チェーン30リンク（約28・9キロメートル）の正式開業を迎えている。

日本初の貨物列車も明治5年5月7日、または9月13日から運転されたと言いたいところだが、実はそうではない。貨物列車が初めて運転されたのは1873（明治6）年9月15日のこと。仮開業から1年3カ月、正式開業からちょうど1年後であり、その間は旅客列車しか運転されていなかったのである。

記念すべき貨物列車の一番列車は9月15日の正午に新橋、横浜の両駅を出発した。この日のために用意された貨車は75両であったという。そして、日本初の貨物列車は有蓋車が7両、無蓋車が8両の15両編成を組んで新橋—横浜間を往復した。

貨物列車が走り始めてからしばらくの間は、まだ各地に線路が敷設《ふせつ》されていなかったため、貨物列車の運転区間は短く、なおかつ同じ行先の貨車ばかりが連結されていた。だが、鉄道網の整備に伴い、貨車の行先もまた増えていく。この結果、東海道線のような幹線では、線内の駅を終着とする列車のほか、他の路線に乗り入れて終着となる列車も多数設定され、さまざまな行先の列車が運転されていたのである。

東海道本線をはじめ、当時の幹線の大多数の区間は単線にすぎなかった。このため、年々増えていく貨物列車を整理して効率的に運転することが求められる。そこで、各地の拠点で同じ方面あるいは同じ行先となる貨車を集め、1本の列車を組み立てて（組成して）運転する貨車集結輸送方式の貨物列車が運転されるようになった。詳細は104ページをご覧いただきたい。

時代はぐっと下って、日本の高度経済成長期の話に移ろう。国内の鉄道による貨物の輸送量は1964（昭和39）年度にピークを迎えた。JR貨物の前身の国鉄は2億6600万6313トン、民鉄は5217万5000トンと、合わせて2億5878万1313トンの貨物が運ばれている。

しかし、同年度にすでに自動車は22億9000万トンと、鉄道のおよそ9倍もの貨物を運んでいた。しかも、このころから長距離輸送の鉄道、短距離輸送の自動車というすみ分けが崩れ、「長距離も短距離も小回りの利く自動車で」との傾向が強まる。

鉄道による貨物輸送のピークは斜陽化のスタートでもあったのだ。

日本で鉄道の貨物輸送が衰退していったのは、貨車集結輸送方式が社会のニーズに合致しなくなったからである。操車場での貨車の組成、分解作業に時間がかかり過ぎるうえ、荷受人から貨物を預かった際に到着日すら確定しないという大きな欠陥を抱えていたのだ。

すでに述べたとおり、国鉄は1984（昭和59）年2月1日の列車ダイヤ改正を機に貨車集結輸送方式を廃止し、直行輸送に切り替えてしまう。それから、荷送人や荷受人が1両単位で貨車を借りる車扱貨物も貨物列車1本分の貨物量が存在しなければ車扱貨物列車として走らせないこととした。従って、車扱貨物列車も直行輸送となり、今日に至っている。

2800トンの石炭列車が走った黄金期

今日、貨物列車の質量はコンテナ列車が1300トン、車扱列車が1380トンといずれもJR貨物の列車が最大だ。1990年代にJR貨物はEF200形を用いて1600トンのコンテナ列車の運転を企図したが、変電所の容量不足によって電気機関車が加速できないとか、駅に敷かれた線路の長さが短くて旅客列車を待避できないといった課題を解決できず、結局実現していない。

機関車の性能が現代ほど進化した時代はないから、いま挙げた数値が歴代でも最高かと思いきや、実は上があった。なんと2800トンの貨物列車を国鉄は運転していたのだ。

いま見られる最大の質量の2倍余りを記録した貨物列車は、いまはJR北海道となっている北海道の室蘭線で見ることができた。区間は追分《おいわけ》駅から室蘭駅までの100・6キロメートルで、石炭車のセキ3000形を62両、車掌車1両の合わせて63両を連ねた車扱列車が1952（昭和27）年から1956（昭和31）年までの間、5月から9月までの夏季に運転されていたのだ。

歴代最大の質量の貨物列車の詳細を見てみよう。セキ3000形には1両当たり30トンの石炭を搭載することができ、貨車の質量を含めて45トンであった。これらが62両連結されているので、貨車の重さは合わせて2790トン、うち石炭は1860トンとなる。当時の車掌車の質量はちょうど10トンであったから、合わせて2800トンだ。

問題は牽引を担当した機関車である。電化されていないうえ、当時は大形のディーゼル機関車が存在しなかった。従って、当然蒸気機関車が牽引するとして、重連や三重連、はたまた四重連ではないかと想像するなか、なんとD51形がただ1両で牽引していたのである。

D51形の最大出力は1155キロワット（1570仏馬力）で、10パーミルの上り勾配で1000トンの貨物列車を牽引したときの均衡速度は時速18キロメートルであったという。2800トンの貨物列車を牽引するには心もとない。

実はD51形が2800トンの石炭列車を牽引できた理由は室蘭線の線路の形状にある。追分駅を出発して17・9キロメートル先の遠浅《とあさ》駅までは4パーミル程度の下り坂がほぼ続き、遠浅駅から残りの区間は真っ平らだ。上り坂もあるにはあるが、最も急なところでは室蘭駅の2駅手前の御崎《みさき》駅から母恋《ぼこい》駅までの間で600メートルほど続く5・7パーミルの上り坂が最大だ。2800トンもあればさすがに厳しいかもしれないが、それまでの勢いを利用して上りきってしまったのであろう。

D51形の全長は19・73メートル、セキ3000形は8・75メートル、車掌車は7・83メートルであったから、2800トンの貨物列車の長さは570メートルとなる。コンテナ車だけで26両編成を組む1300トンのコンテナ列車の一例を挙げると、EF210形直流電気機関車の全長は18・2メートル、コンテナ車の主力であるコキ107形は20・4メートルであるから、貨物列車の長さは548・6

メートルとそう大きな変わりはない。

とはいえ、室蘭線のなかには全長570メートルの貨物列車が停車できない駅があった。このため、単線区間で行き違いを行う可能性があったとしても対向列車を必ず待たせ、通過していたそうだ。

2800トンの石炭列車が運転されたころの日本は戦後の復興を遂げ、高度経済成長期を迎えようかという時期であった。エネルギーの主役はまだ石炭であり、北海道の石狩《いしかり》炭田などでは増産に次ぐ増産で、鉄道もこうした体制にこたえるべく、大量輸送列車を運転したのだ。しかし、1956年にもなると石炭の時代にかげりが見え始め、翌1957（昭和32）年には出炭量が減少したこともあり、石炭列車の質量は2400トンへと減少した。

さて、世界で最も質量の大きな貨物列車はいったいどれくらいであろうか。それは南アフリカ国鉄の貨物線で運転されている4万1040トンのうち荷重は3万4200トンの鉱石列車だ。鉄鉱石の鉱山のあるシシェン（Sishen）から積出港のあるサルダナ（Saldanha）との間の861キロメートルで運転されている。鉱石列車の先頭には3両の電気機関車が立ち、中間と最後位とでさらに2両の電気機関車、4両のディーゼル機関車と合わせて9両の機関車が342両の貨車を牽引しているという。

いま挙げた貨物列車は日常的に運転されているもので、世界記録はさらに上回り、なんと7万1600トンにも達する。この記録が達成された区間もやはり同じで、鉄鉱石を搭載した貨車の両数は660両であった。これだけの貨車を動かすため、先頭には5両の電気機関車、中間に4両の電気機関車、最後尾に7両のディーゼル機関車をそれぞれ連結したそうだ。

貨車の性能向上によって実現した高速化

高速貨物列車に使用されているコンテナ車、タンク車のタキ1000形、タキ1100形、トキ25000形といったJR貨物の貨車は、文字どおり高速で走行するため、それまでの貨車には見られない工夫が施《ほどこ》された。これらは主に車輪や車軸を中心とした走行装置とブレーキ装置とに集中している。

まずは走行装置から見ていこう。かつての貨車は「二軸車」といって、車体の前後に車軸を直接取り付けた構造が一般的であったが、走行性能は低く、最高速度も時速75キロメートルが精いっぱいであった。現代の貨車は「ボギー車」といって、前後に装着した台車を介して車軸を取り付ける構造となって走行性能は飛躍的に向上している。台車は一般に2対の車軸をもっており、特にカーブを曲がるときの安定度が増すとともに、車体を長くできるという利点ももつ。

高速貨物列車用の貨車の台車は、レールから伝わる衝撃や振動の吸収性を高めて走行性能を上げるとともに、荷崩れの防止にも努めている。一般に台車は、車体と台車枠との間に設けられたまくらばね、そして車軸と台車枠との間に軸ばねと、2種類のばね装置を備えもつ。しかし、旧式の貨車の多くはまくらばねはあっても軸ばねが付いていないものがあった。高速貨物列車用の貨車の台車に軸ばねが付いていることは言うまでもない。

車軸は軸箱《じくばこ》に収められた軸受《じくうけ》を介して台車枠に取り付けられる。このとき、単に軸箱を置いただけでは、衝撃や振動の吸収性が悪くなり、速度を上げることができない。そこで、高速貨物列車用の貨車向けにJR貨物が開発した台車には、ゴムを用いて軸箱を支える方式が採り入れられている。当初は軸ばねに防振《ぼうしん》ゴムを取り付けて上下方向の衝撃や振動を吸収する方式が主流であったが、2000年代を迎えるころには軸箱の前後に緩衝《かんしょう》ゴムと呼ばれる分厚いゴムを取り付けて前後方向の衝撃や振動を吸収するように改良された。

1章で説明したように、高速貨物列車用の貨車は、最高速度が時速110キロメートルの場合、または1300トンの貨物列車として運転する場合には、ブレーキ装置として電磁自動空気ブレーキ装置を使用する。基本的には自動空気ブレーキ装置でありながら、ブレーキの指令をブレーキ管の圧縮空気を抜くのではなく、電気信号で行って応答速度を速めた。電磁自動空気ブレーキ装置を作動させるには機関車も対応していなければならない。電気信号を発生させるための電気指令装置が取り付けられ、そして電気信号を送るための電気回路を設けた。

高速走行中に電磁自動空気ブレーキ装置を作動させるには、大量の圧縮空気が必要となる。しかし、自動空気ブレーキ装置を作動させるブレーキ管だけでは足りない。そこで、より高圧な圧縮空気をすべての貨車に供給する「元空気管」も追加して装備されている。

国鉄時代に製造された機関車の多くは、電磁自動空気ブレーキ装置用の装置も元空気管も備えていなかった。しかし、JR貨物が製造した機関車はすべて装着しており、運用の機動性を高めている。

貨物列車の未来❶——スピードアップ、輸送力の向上は可能か

異なる鉄道事業者で重複して計上された貨物の輸送トン数を省いた鉄道による2

019（令和1）年度の正味の輸送トン数は2932万トンであった。同年度に国内で輸送されたすべての貨物の輸送トン数は48億5807万トンであったから、鉄道のシェアはわずか0・6パーセントにすぎない。残念ながら、今後もシェアが大きく改善されることはないであろう。だが、いまの地位を守り抜くことには意義がある。

貨物列車は自動車と比べて小回りは利かないし、船舶ほどの大量輸送はできない。でも、いずれに比べても速達性や定時性に優れている。この長所を伸ばすにはさらなるスピードアップが必要であろう。といっても、貨物列車の最高速度を現在の時速110キロメートルから130キロメートルであるとかそれ以上に上げることは大変難しい。機関車の性能の限界に近づいているからだ。具体的に言うと、10パーミルの上り勾配での均衡速度を上げようとするに当たり、より出力の高い機関車を製造することはできる。それと引き換えに車両は重くなるし、エネルギーの消費量は増えていく。

より重い車両を負担できるようにするには、線路のうち、レールやまくらぎよりも下の部分、砂利などを敷き詰めた道床《どうしょう》であるとか、場合によってはその下の路盤という基礎部分まで手を付けなくてはならない。莫大な投資が必要であるし、何よりも旅客列車を含めて列車の運転を一時中断させる必要がある。これは非現実的だ。また、エネルギーの消費量が増えれば貨物列車を走らせるためのコストが上がる。トラックや船舶との価格競争が激しいなか、貨物運賃の値上げを荷送人や荷受人は支持するであろうか。

最高速度の引き上げは難しいが、いまよりきびきび走らせることはできる。時速80キロメートルから時速60キロメートルへと速度を落とし、再び時速80キロメートルへと上げる時間を電車並みに短縮できればそれだけでも相当なスピードアップに結びつく。実を言うと、カーブや勾配の多い日本の鉄道では、最高速度の引き上げが効果的な路線はそう多くない。どちらかというと中速域でのスピードアップのほうが効果的だ。

中速域の引き上げに際して加速度を向上させることは、先ほどの最高速度のアップと同様に難しい。しかし、減速度の向上は何とかなる。最高速度時速110キロメートルでなくても、貨物列車の質量が1300トンでなくても、電磁自動空気ブレーキ装置を常用すればよいからだ。

最終的に検討したいのは、ブレーキ装置の根本的な変革である。自動空気ブレーキ装置をやめ、今日のJR旅客会社の大多数の電車が用いている電気指令式空気ブレーキ装置への転換だ。

いかにブレーキ指令が電気信号で送られて応答性を高めようとも、自動空気ブレーキ装置には大きな欠点がある。それは、一度ブレーキを作動させたらブレーキ管に圧縮空気を込めなければならず、次にブレーキをかけるにはしばらく待たなくてはならないという点だ。

電磁自動空気ブレーキ装置はブレーキ管のほかに元空気管も用いて、圧縮空気を込める時間の短縮を図っているが、それでも電車が備えている電気指令式空気ブレーキ装置にはかなわない。何しろこちらは、一度ブレーキをかけて速度が下がってブレーキを緩《ゆる》めた後も、いつでもブレーキをかけられる。というのも、根本的にブレーキシリンダから圧縮空気を抜くことでブレーキシューなりブレーキキャリパが動くのではなく、ブレーキシリンダに圧縮空気を供給することで動くからだ。

もちろん、このようなシステムでは万一車両と車両とが分離してしまったときに自動的にブレーキは作動しない。ところが、電気指令式空気ブレーキ装置の場合、電気信号でブレーキ指令を送るための電線が切れると、普段は各車両のブレーキシリンダに圧縮空気を供給しないように電磁力でふたを開けている弁が閉まってブレーキが作動する。

もちろん、電気指令式空気ブレーキ装置への転換には機関車も貨車も改造が必要だ。全車両の更新が終わるまでは自動空気ブレーキ装置との併用も必要となる。しかしながら、自動空気ブレーキ装置を使っている限り、貨物列車はいつまでも旅客列車の足を引っ張ると見なされる存在だ。しかも、ATC（Automatic Train Control device。自動列車制御装置）や次世代のATSといった信号保安装置に完全には対応できない。貨物列車の未来のためにいつかは決断が求められると筆者は考える。

貨物列車の未来❷

鉄道の変革に対応できるかが鍵を握る

自動空気ブレーキ装置から電気指令式空気ブレーキ装置へと、前項で荒唐無稽ともいえる提案を行ったのは単にスピードアップのためだけではない。未来の貨物列車、いや鉄道が直面する変革に対応するための準備ともなるからである。未来の貨物列車はどうなるのであろうか。その兆しは2018（平成30）年になって現れた。1つは貨物列車への自動運転の導入、もう1つはJR旅客鉄道への無人運転の検討という2つの話題だ。

貨物列車の自動運転はオランダで開始された。ロッテルダムとセーフェナールとの間の１６０キロメートルを結び、プロレールという鉄道会社が運営するベートゥヴェルートという貨物専用路線である。自動運転は旅客列車では珍しくない。日本でも地下鉄や新交通システムなどでおなじみだ。運転士が乗務する場合は出発の際にスイッチを押せば、後は自動的に加速して駅に停車する。いっぽう、無人運転の場合は運転士がスイッチを押す動作も自動化された。

これに対し、貨物列車の自動運転化はなかなか進んでいない。ブレーキの問題を含め、貨物列車の運転は難しいからだ。ベートゥヴェルートではうち１０７キロメートルが完全に独立した新線で踏切もないという条件に恵まれたこともあり、世界初の貨物列車による自動運転が実用化された。自動空気ブレーキ装置を用いているのはこの路線に貨物列車だけが走るからで、電車と一緒に走るとなるとブレーキ装置を変える必要に迫られたであろう。

無人運転を検討しているＪＲ旅客鉄道とはＪＲ東日本である。２０２７年度を目途に無人で旅客列車の運転を行いたいと語ったのは同社の深澤《ふかさわ》祐二《ゆうじ》社長であり、並々ならぬ意思が感じられた。無人運転は、人件費の節減に結びつくし、少子高齢化の進展で運転士のなり手がいなくなるという今後の動向を踏まえて先手を打つ形となる。

新幹線であるとか地下鉄、新交通システムのように独立した線路であればよいが、踏切があり、多数の路線と交差するというJR旅客鉄道の在来線の条件では旅客列車といえども無人運転は難しい。それでもJR東日本が目指すということはよほどの事情が背景にあるのだろう。

もちろん、貨物列車も将来の無人運転に対処したいものだ。その際、ブレーキをきめ細かに制御するには自動空気ブレーキ装置は向いていない。ならば運転士を乗せ続けていればよいのだが、そうも言っていられない時代がやがて訪れる。将来、JR東日本の全線で無人運転が実現したとして、貨物列車だけ有人でということが果たして可能かどうかは筆者には何とも言えないからだ。

貨物列車の未来と言われて、結局はブレーキに終始してしまい、もっと夢のある話ができなかったかと反省しなくてはならない。しかし、甘い話よりも、本項と前項とで述べてきたことのほうが貨物列車の真の未来を築くために重要ではないかと自負している。22世紀の世に貨物列車が存在できることを祈りたい。

◉参考文献

【書籍】

日本貨物鉄道株式会社貨物鉄道百三十年史編纂委員会編、『貨物鉄道百三十年史』、日本貨物鉄道株式会社、2007年6月

日本貨物鉄道株式会社編、『JR貨物15年の歩み』、日本貨物鉄道株式会社、2003年7月

日本国有鉄道編、『日本国有鉄道百年史』、日本国有鉄道、1969年〜1974年

機関車工学会、『機関車の構造及理論 下巻 改訂』、交友社、1935年4月

『JISハンドブック 69鉄道 2017』、日本規格協会、2017年6月

山之内秀一郎、『なぜ起きる鉄道事故』、朝日新聞社、2005年7月

石井幸孝、『入門鉄道車両』、交友社、1971年1月

新津機関区技術研究会編、『機関車乗務員運転教養資料 技術版・初級編』、東洋館、1948年

『EF64形式直流電気機関車説明書』、臨時車両設計事務所(電気車)、1965年2月

『EF65形式直流電気機関車説明書』、臨時車両設計事務所(電気車)、1964年11月

『EF66形式直流電気機関車説明書』、日本国有鉄道車両設計事務所(電気車)、同(動力車)、1968年10月

『DE10・11形式液体式ディーゼル機関車説明書』、日本国有鉄道車両設計事務所、1973年3月

『鉄道信号一般』、日本鉄道電気技術協会、2008年4月

『連動装置 改訂版』、日本鉄道電気技術協会、2010年6月

ジェー・アール・アール編、『私鉄車両編成表2021』、交通新聞社、2021年7月

『JR全車輌ハンドブック2009』、ネコ・パブリッシング、2009年8月

吉岡心平、『プロフェッサー吉岡の私有貨車図鑑(復刻訂補)』、ネコ・パブリッシング、2008年1月

【定期刊行物】

・年刊

『JR貨物時刻表』、公益社団法人鉄道貨物協会

国土交通省鉄道局監修、『鉄道要覧』、電気車研究会

国土交通省鉄道局監修、『鉄道統計年報』、電気車研究会または国土交通省

『貨物運賃と各種料金表』、交通日本社

・月刊

『マンスリーかもつ』、公益社団法人鉄道貨物協会

『JR gazette』、交通新聞社

『運転協会誌』、日本鉄道運転協会

『R&M』、日本鉄道車両機械技術協会

『JREA』、日本鉄道技術協会

『鉄道と電気技術』、日本鉄道電気技術協会

『Rail Magazine』、ネコ・パブリッシング

※本書は、２０１９年２月に同タイトルで刊行された
単行本に最新情報を加え、再編集したものです。

KAWADE
夢文庫

JR貨物の魅力を探る本

二〇二一年一二月三〇日　初版発行

著　者……梅原　淳
企画・編集……夢の設計社
東京都新宿区山吹町二六一〒162-0801
☎〇三―三二六七―七八五一（編集）
発行者……小野寺優
発行所……河出書房新社
東京都渋谷区千駄ヶ谷二―三二―二〒151-0051
☎〇三―三四〇四―一二〇一（営業）
https://www.kawade.co.jp/
装　幀……こやまたかこ
印刷・製本……中央精版印刷株式会社
DTP……イールプランニング

Printed in Japan ISBN978-4-309-48579-9